Bernd H. Reutler

**Logisch
gedacht –
überzeugend
gebracht**

Bernd H. Reutler

Logisch gedacht – überzeugend gebracht

Argumentieren mit Herz und Verstand

Wirtschaftsverlag Langen Müller/Herbig

Grafiken von Adrian Reutler, Köln

© 1992 by Wirtschaftsverlag Langen Müller/Herbig in
F. A. Herbig Verlagsbuchhandlung GmbH, München
Alle Rechte vorbehalten
Schutzumschlag: Atelier A. Bachmann, Reischach
Satz + Druck: Jos. C. Huber KG, Dießen
Binden: Großbuchbinderei Monheim
Gedruckt auf chlorfrei gebleichtem Papier
Printed in Germany
ISBN 3-7844-7297-4

Inhaltsverzeichnis

Einführung 7

»Das Herz hat seine Gründe, die die Vernunft nicht kennt«
1. Herz und Verstand 11
2. Einwirkungsfaktoren auf die Argumentationsweise 16
3. Psychologisch begründete Urteilstendenzen, die zu Fehl- und Trugschlüssen führen 23
4. Ich-Zustand und Argumentation 38

»Zuerst collegium logicum«
5. Definition (Begriffsbestimmung) 44
6. Argument und Argumentation 51
7. Zweckrationale Argumentation 56
8. Behauptung – Grund (Argument) – Beweis (Syllogismus) 59
9. Wie läßt sich die Logik von Gründen analysieren? 66
10. Verstöße gegen die Logik 70

»Die größte Deutlichkeit war immer die größte Schönheit«
11. Nutzenargumentation 77
12. Sprachpositivismus. Argumentationsökonomie 81
13. Absicherung des Argumentationsprozesses 85
14. Argumentierende Kurzrede in fünf Sinnschritten 91
15. Argumentation im Dialog 109
16. Argumentation und Motivation 114
17. Argumentation und Problemlösungssuche mit mehreren Gesprächspartnern 121

»Das Gefühl geht vornehmlich auf das Gegenwärtige«
18. Argumentationsverstärkung durch Visualisierung 128
19. Rhetorische Figuren zur Argumentationsverstärkung .. 136
20. Die Sprechweise als Argumentationsverstärker 155
21. Intensivierung der Argumentation durch die Körpersprache 160

»Beleidigungen sind die Argumente jener, die über keine Argumente verfügen«

22. Argumentationsstrategie zur Konfliktbewältigung 168
23. Unfaire Dialektik. Angriff und Abwehr 176
Sachwortregister 191
Literaturverzeichnis 195

Einführung

Sie kennen das: In einer abendlichen Runde mit Freunden und Bekannten fällt ein Stichwort: »Emanzipation« oder »Wiedervereinigung« oder »Kinderkrippen«. Und schon geht's los – erst ein großes Solo, dann unisono kreuz und quer, immer lauter, immer diffuser:
- Worüber reden wir eigentlich?
- Das überzeugt mich nicht!
- Nun sei doch mal logisch!
- Ich kann dir nicht folgen.
- Kannst du mal den Zusammenhang erklären?
- Das ist doch alles an den Haaren herbeigezogen!
- Zieh' doch mal die richtigen Schlüsse!
- Du gehst ja von falschen Voraussetzungen aus!
- Mit euch kann man einfach nicht diskutieren!
- Na, wir werden das Problem heute auch nicht lösen.

Ja, manche Gespräche und Diskussionen sind schon ganz schön anstrengend.

Man dreht sich im Kreise, wird davon richtig schwindelig im Kopf, und das ganze Durcheinander bleibt – wie das bei Kreisbewegungen eben so ist – ziellos, ohne befriedigenden Abschluß.

Das mag als bunte Abendunterhaltung (Hauptsache Essen und Wein sind gut) noch angehen, als zweckgerichtete Unterhaltung, die auf ein Ergebnis und eine Handlungsvereinbarung zielt, ist ein solcher Verlauf regelrecht frustrierend.

Dieses Buch will Ihnen helfen, aus dem unbestimmten Kreisen in einem Feld von ungesicherten Behauptungen und falschen Schlußfolgerungen auszubrechen auf die geradlinige, zielgerichtete Bahn klarer Definitionen, stimmiger Voraussetzungen, gesicherter Argumente, logischer Schlüsse.

Ich nehme an, daß Sie sich dieses Buch gekauft haben, um zu erfahren, wie Sie in Situationen, wo es auf ein Ergebnis ankommt, zielgerichteter diskutieren, argumentieren, überzeugen können.

Sie interessieren sich also für das umfassende Thema *Dialektik*. Denn Dialektik ist die »Kunst der Unterredung«, die Kunst der logischen Beweisführung. Und damit stellen Sie auch die Frage nach den Argumenten. Denn argumentum (lat.) heißt nichts anderes als Beweis, *argumentieren* nichts anderes als beweisen, begründen und *Argumentation* nichts anderes als Beweisführung. Einen *Beweis* erbringen heißt zunächst einmal ganz allgemein das Unterfangen, die Richtigkeit einer *Behauptung* herbeizuführen und als *logischen* Schluß (z. B. Syllogismus) zu sichern.

Doch vom Schluß zurück zum Anfang: Erst muß einmal geklärt werden, wovon die Unterredung eigentlich handelt; am Anfang also steht die *Definition* (lat. »Begrenzung«), die Begriffsbestimmung, im weiteren Sinne die Klärung der Frage: Was ist?

Wir versuchen so, Goethes Forderung aus dem »Faust« zu genügen: »Zuerst collegium logicum!«

Das heißt, daß wir uns auch um die Fragen der *Begründung* und der *Verstöße gegen die Logik* kümmern werden, um *Fehlschlüsse* und *Trugschlüsse*, sei es, daß sie uns unbewußt unterlaufen, sei es, daß andere sie willkürlich als Instrumente einer *unfairen Dialektik* einsetzen. »Ein Geist, der nur Logik ist, gleicht einem Messer, das nichts ist als Klinge. Die Hand wird blutig davon.« (Tagore) Nein, wir wollen mit der Logik nicht wie mit einem offenen Rasiermesser durch die Welt laufen! »Das Gefühl ist es, das den Menschen zum Denken anregt, und nicht das Denken, das ihn zum Fühlen anregt.« (G. B. Shaw)

Wir wollen also immer daran denken, daß Logik viel mit Psycho-Logik zu tun hat. Dies betrifft vor allem unsere *Urteilstendenzen*, unseren *Ich-Zustand*, aus dem heraus wir argumentieren. Daß die Kommunikationspsychologie im Argumentationsprozeß eine große Rolle spielt, wird auch deutlich aus dem Zusammenhang, der zwischen Argumentation und *Motivation* besteht. *Sprachpositivismus* und *Nutzenargumentation* tragen dem ebenfalls Rechnung.

Wenn die etwas trockene Logik unsere Pflicht ist, dann ist die gefällige »Verpackung« unserer Argumente die Kür; also machen wir uns vertraut mit den ausschmückenden *rhetorischen Figuren*.

Wir wollen unseren Argumenten das allzu Kopflastige nehmen und ihnen auch zu sinnlicher Faßlichkeit verhelfen durch unsere *Körpersprache* und durch andere Mittel der *Visualisierung*.

»Unmittelbar teilt sich aber der innere Mensch dem Ohre mit, und zwar durch den Ton seiner Stimme. Der Ton ist der unmittelbare Ausdruck des Gefühls.« (R. Wagner) Also wollen wir unsere *Sprechweise* bedenken, unseren stimmigen Argumenten auch die rechte Stimme leihen.

Das also sind die Begriffe, denen jeweils ein ganzes Kapitel gewidmet ist.

Wir beschäftigen uns aber auch mit größeren Einheiten, nämlich verschiedenen Gesprächssituationen:

1. Sie wollen eine Zuhörerschaft überzeugen. In einer *Diskussion* wollen Sie einleitend Ihren Standpunkt darlegen, oder Sie wollen im Diskussionsverlauf Ihren Beitrag als Ergänzung oder Erwiderung vortragen. Wie sieht der Aufbau einer solchen *argumentierenden Kurzrede* aus? Wie können Sie die Zuhörer für Ihre Überzeugung gewinnen und zu entsprechendem Handeln (z. B. Abstimmung, Beschluß) anregen?

2. Sie wollen etwas *klären*. Sie haben ein *Problem* (unentschiedene, zu lösende Frage); dies gilt es zu lösen.

Dabei ist zu denken an die Klärung eines Problems (Sachverhaltes) im privaten Bereich und seine kooperative Lösung.

Zu denken ist aber auch an den Geschäftsbereich. Der Kunde stellt Ihnen ein Problem im Sinne einer zu lösenden Aufgabe (»Was nehme ich am besten – Was hilft mir am besten?«). Auch hier gilt es zu klären und zu lösen.

Verkaufsgespräche und Beratungsgespräche im Dienstleistungssektor werden oft zwischen mehreren Gesprächspartnern geführt. Auch dazu ein eigenes Kapitel: *Argumentation und Problemlösungssuche mit mehreren Gesprächspartnern*.

3. Sie wollen in einer *Streit-Frage* argumentativ Meinungsbildung und Meinungsänderung herbeiführen. Vom gegenwärtigen, strittigen Problem soll zum zukünftigen einvernehmlichen Handeln gefunden werden. Dialektik nur als »Kunst der Unterredung« wäre l'art pour l'art. Deshalb fragen wir nach einer *Argumentationsstrategie zur Konfliktbewältigung*.

Dieses Buch nimmt nicht in Anspruch, ein 2500 Jahre altes Thema erschöpfend zu behandeln. Es tut auch nicht so, als würde hier das

Rad neu erfunden. Es setzt Schwerpunkte, und der interessierte Leser findet im *Literaturverzeichnis* eine Auswahl an Titeln, die andere interessante Schwerpunkte setzen.

Was Sie in diesem Buch nicht finden werden, das sind Überredungs-Tricks. Dieses Buch wendet sich an diejenigen, denen es auf langlebige, vertrauensvolle Partnerschaften ankommt und nicht auf den schnellen, kurzlebigen Erfolg.

Sie werden es nicht fassen – dies hier:

$\bar{a} \mid o = \bar{a} \mid \bar{a} \mid e = \bar{a} \mid e = o$ ist Logik, sprachliche Logik mit mathematischer Genauigkeit. Sie können aufatmen: Davon enthält dieses Buch nichts. Logik und Dialektik lassen sich nicht ungestraft simplifizieren. Aber ich habe mich bemüht, den manchmal etwas komplizierten Stoff schlicht (im Sinne von: unmittelbar) zu gestalten. Dem sollen auch die zahlreichen Grafiken dienen.

Die starke Visualisierung des Themas wird Ihnen einen sicheren Über-Blick verschaffen.

So lassen Sie uns neugierig ans Werk gehen; denn: »Das Wort ist ohne Werke tot« (Walther von der Vogelweide)!

»Das Herz hat seine Gründe, die die Vernunft nicht kennt«

1. Herz und Verstand

»Zuerst collegium logicum.« (Goethe, Faust)
»Das Herz hat seine Gründe, die die Vernunft nicht kennt.« (Pascal)
Pascal, der große französische Moralist, unterscheidet in seiner Schrift »Logik des Herzens« zwischen mathematischem und intuitivem Denken.
Warum ist dies auch heute im Zusammenhang mit einem Argumentationstraining bedenkenswert? Weil Argumentieren nicht nur logische, sondern ganz stark auch psychologische Komponenten besitzt. Argumentation läßt sich von Kommunikationspsychologie nicht trennen. Man mag Argumente mit mathematischer Logik konstruieren und so ihre prinzipielle Stimmigkeit erreichen – wenn sie nicht zugleich Intuition und ein »empfindliches und feines Sensorium« (Pascal) erkennen lassen, finden sie möglicherweise kein Gehör, weil sie trocken und unerträglich erscheinen.
Kluge, unwiderlegliche Rechthaberei ist eben auch nur Rechthaberei und mobilisiert Widerstände.
Die Gefahr: »Gründe des Herzens« können zu objektiven Irrtümern führen. Psychologisch gesehen ist der Irrtum eine sehr subjektive oder mangelhafte Deutung der Wirklichkeit. Die eigene Stimmung, die Leidenschaften, Mangel an Energie oder vorschnelles Verallgemeinern führen dann zur Selbsttäuschung. Und die absichtliche Täuschung anderer hat ja auch »Gründe des Herzens«: Mißgunst, Neid, Rachegelüste.
Auch kann rein intuitives Argumentieren, also ein Gespür dafür, was den anderen überzeugen wird, z.B. im politischen Raum zum blanken Opportunismus und zur Demagogie verführen.
»Zuerst collegium logicum« heißt es in Goethes Faust. Ja, aber als zweites wollen wir auch die Gefühlsmomente, die für den Erfolg

der Argumentation mit entscheidend sind, immer im Auge behalten.
»Laß einen Menschen erkennen, daß du sein Freund bist, und du hast keine Schwierigkeit, ihn zu überzeugen. Zeig ihm das Gegenteil, und du bist machtlos.« (Abraham Lincoln)
Wie alt diese Erkenntnis ist, zeigt, daß in der griechischen Mythologie Peitho, die Göttin der Überredung, im Gefolge der Liebesgöttin war oder gemeinsam mit den Göttinnen der Anmut, Heiterkeit und Lieblichkeit erschien.
Modern gesprochen: Alle Überzeugung ruht auf zwei Pfeilern; dem Vertrauen auf die sachliche Richtigkeit und dem Vertrauen in den Gesprächspartner. Wobei im Zweifelsfall die Glaubwürdigkeit des Partners den Ausschlag geben wird.

1.»Was hältst du davon, wenn wir diesen Urlaub etwas für unsere Gesundheit tun und eine Bergwanderung machen würden?«

Hier stellt der Sender (S) dem Empfänger (E) ruhig, vernünftig, sachlich einen Vorschlag in Frageform zur Diskussion. Er tut dies im Zustand des analytischen Erwachsenen-Ichs. Aber seine Frage ist keineswegs emotionslos gestellt. Die »Wir«-Form und der fürsorgliche Inhalt zeugen von der emotionalen Komponente. Es ist dies die *dialektische* Vorgehensweise. Sie stellt eine These zur Diskussion, erwartet die mögliche Gegenthese und ist offen für eine Synthese (möglicherweise ein Kompromiß). Es ist die Kunst der Besprechung und nicht der Überredung. Ziel ist: eine Lösung zum Nutzen beider Partner.

2.»Wenn du gegen die Bergwanderung bist, machen wir dieses Jahr überhaupt keinen Urlaub!«

Nehmen wir an, dies sei eine rein taktische Formulierung, dann ist sie vom Sender (S) rational konzipiert, zielt aber zwecks Beeinflussung des Empfängers (E) auf dessen Emotionen. Deutlich steht hier allein der Nutzen von S im Vordergrund. Es handelt sich also um *Manipulation*. Im politischen Raum heißt diese Vorgehensweise Demagogie.

3.»Schätzchen, mir zuliebe könnten wir diesen Urlaub doch eine Bergwanderung machen.«

Hier tritt die Sachebene zurück. Statt dessen wird ganz auf die

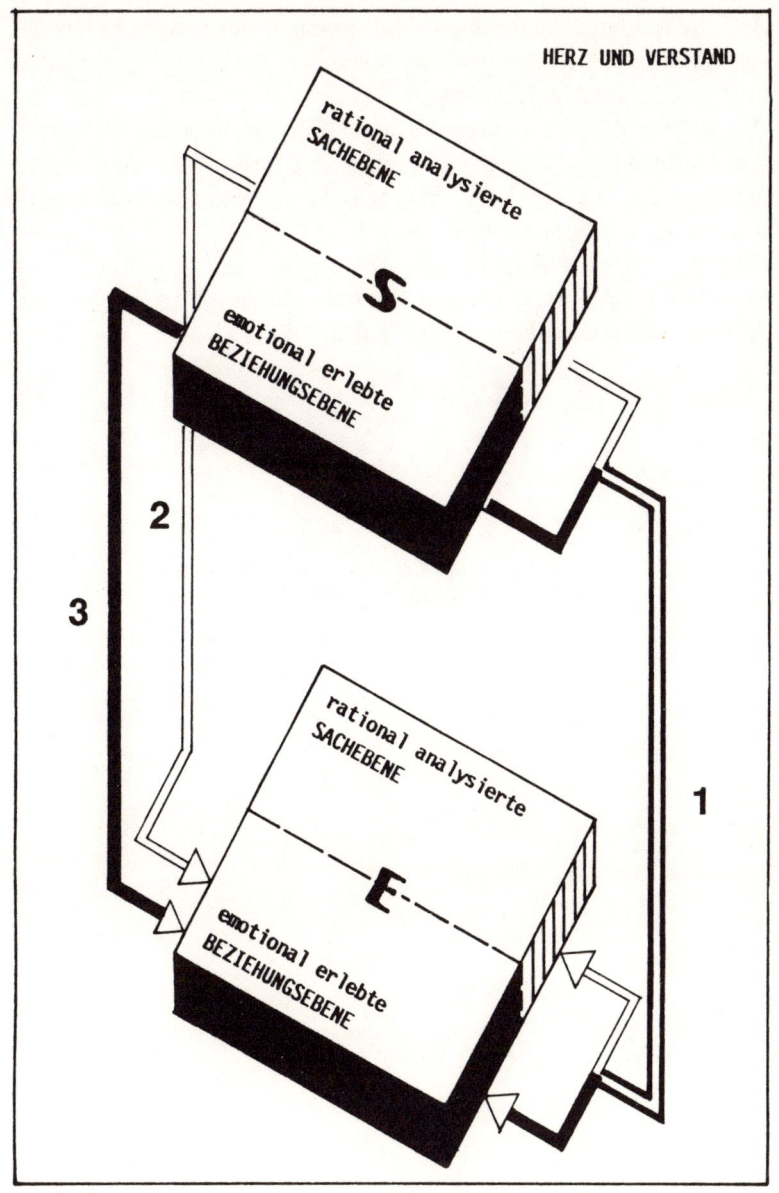

Beziehungsebene abgehoben. Der Versuch des Überzeugens ist rein emotional ausgerichtet. Geschieht dies aus purem Eigennutz, ist es wiederum Manipulation.

Wie wir vorgehen, um einen Partner auf der Sachebene und (oder) auf der Beziehungsebene (emotional) umzustimmen, hängt ab von der Antwort auf die Frage: Wer spricht da mit wem, wann, wo, warum, zu welchem Zweck?

Ihr Erfolg hängt wesentlich von Ihrer *Fairneß* ab.

Dialektik sollte immer ein gemeinsames Ziel im Auge haben und zu einer einvernehmlichen Lösung führen!

Überlegen Sie sich Gesprächssituationen und Gesprächspartner. Wie gehen Sie vor, um sie zu überzeugen (dialektisch, rein emotional, manipulativ)? Geht es dabei allein um Ihren Nutzen, um den Nutzen des Partners oder beider Nutzen?

Gesprächspartner / Gesprächssituation

dialektisch (mit Verstand und Gefühl)	
rein emotional (von Gefühl zu Gefühl)	
manipulativ (von Verstand zu Gefühl)	
mein Nutzen	
sein Nutzen	
unser Nutzen	

Wie könnten Sie Ihr Vorgehen ändern, um zukünftig die dialektische Methode zu bevorzugen, also Verstand und Gefühl gleichermaßen anzusprechen? Und wie könnten Sie besser den beiderseitigen Nutzen ansteuern?

2. Einwirkungsfaktoren auf die Argumentationsweise

Wir erinnern uns:
Alle Argumentation gründet nicht nur auf Logik, sondern sie hat auch ihre Psycho-Logik.
Um Sie auf das folgende Kapitel humorvoll einzustimmen, hier zunächst eine witzige Definition:
»Was ist Meinungsaustausch?«
»Wenn ich als Mitarbeiter mit meiner eigenen Meinung zum Chef hineingehe und mit seiner wieder rauskomme.«

2.1. Die Variablen der Gesprächspartner

Damit ist gemeint, daß die Gesprächspartner, die da miteinander diskutieren und möglicherweise unterschiedliche Ziele verfolgen, wozu sie ihre Argumente zur Überzeugung des anderen einsetzen, ganz unterschiedliche Voraussetzungen mitbringen. Sie mögen sich unterscheiden durch ihren völlig verschiedenen Status (z. B. Chef/Mitarbeiter). Ihre Statussymbole wie weiträumiges Büro, mächtiger Schreibtisch und imponierender Sessel wollen Macht sichtbar demonstrieren.
Sie signalisieren: »Wollen Sie es mit mir wirklich aufnehmen? – Damit brauchen Sie mir erst gar nicht zu kommen, sparen Sie sich Ihre Argumente!«
Gehen Sie vor kraftmeierischen Äußerlichkeiten nicht gleich in die Knie. Räumen Sie nicht gleich im Geist das Feld, sondern konzentrieren Sie sich auf die Kraft Ihrer Argumente! Das allein macht Sie zu einem zumindest ebenbürtigen Gesprächs- und Verhandlungspartner!
Ihre augenblickliche Gestimmtheit (vorherrschender Ich-Zustand) mag gänzlich voneinander unterschieden sein. Der eine ist emotional-spontan gestimmt, der andere vielleicht kritisch-wertend oder ruhig-sachlich. (Zur Transaktionalen Analyse siehe *Bernd H.*

Reutler, Kommunikationstraining). Also wird sich Ihre Argumentationsweise von daher grundsätzlich unterscheiden. Der eine wird bei seinen Prämissen (Voraussetzungen) vielleicht mehr von »geltenden Meinungen« (von »sozialer Gewißheit«), der andere stärker von »wahren und ersten Sätzen« (von »wissenschaftlicher Gewißheit«) ausgehen. Beide können dabei streng logisch sein und sich dennoch im Gespräch gegenseitig verfehlen.

A
1. Grundsätzlich muß man das so sehen...
2. Wissenschaftlich ist doch erwiesen...
3. Also kommt nur in Frage...

B
1. Die Dinge sind im Wandel...
2. Unsere gemeinsame Erfahrung zeigt...
3. Also meine ich...

Um die Argumente des anderen richtig einzuordnen, ist es also auch wichtig, den Ich-Zustand, aus dem heraus er argumentiert, zu erkennen.

2.2. Die historischen Variablen

Wer sich in seiner Argumentation ganz stark kritisch-wertend gibt, der befindet sich möglicherweise im Zustand des kritischen Eltern-Ichs. Das heißt, sein Denken ist zumindest im Augenblick vornehmlich von seiner früheren Prägung bestimmt. Die Muster, Raster, Werte, Bilder (auch das religiös oder ideologisch geprägte Weltbild), Urteile und Vorurteile, die er über Eltern und Umwelt erfahren hat, können seine Prämissen kennzeichnen (»soziale Gewißheiten«). Ein Gesprächspartner aus dem Arbeitermilieu geht bei der Diskussion einer sozialen Frage wohl von anderen Voraussetzungen aus als ein bürgerlicher. Will man Argumente richtig einordnen, wird man die unterschiedlichen Hintergründe mitberücksichtigen müssen.

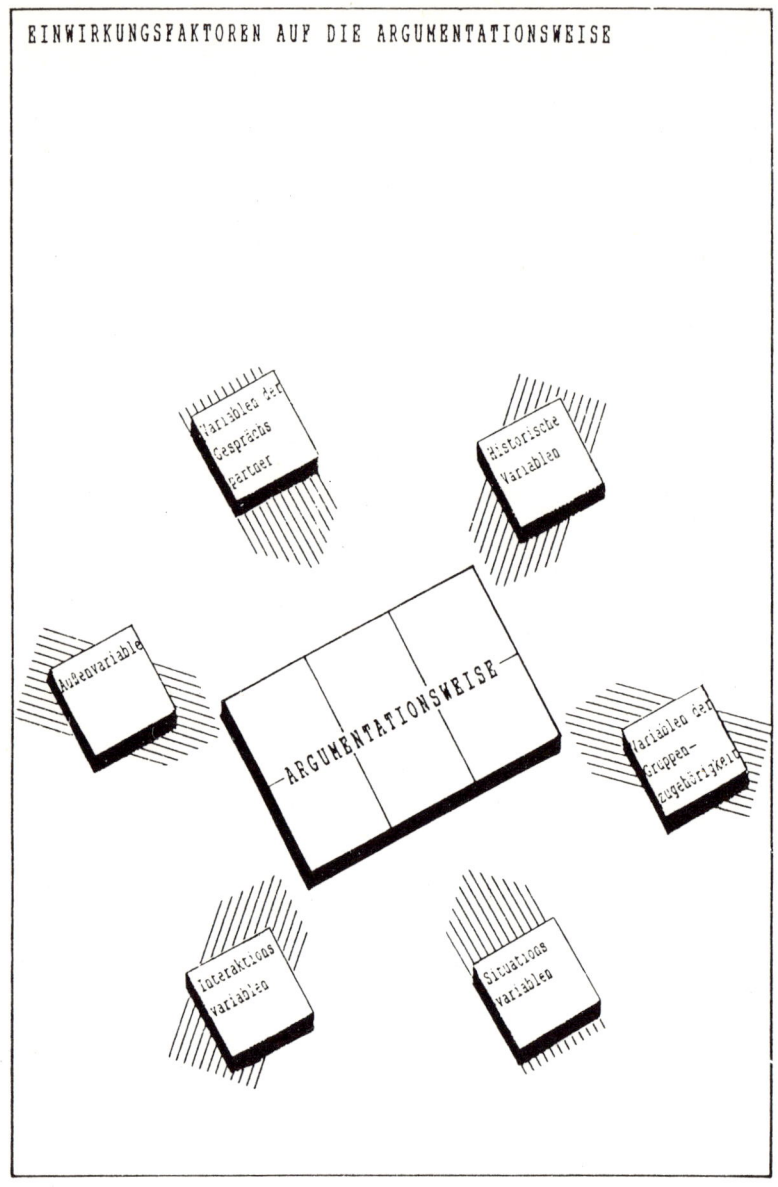

A
1. In Bürgerhäusern hat schon immer gegolten...
2. Außerdem sagt die katholische Soziallehre...
3. Die Lösung kann also nur so aussehen...

B
1. Die Geschichte der Arbeiterbewegung zeigt doch...
2. Die Idee des Sozialismus und der Solidarität gebietet...
3. Deshalb muß die Forderung sein...

2.3. Die Variablen der Gruppenzugehörigkeit

Damit sind soziale Rolle, Status, Alter und Geschlecht gemeint. Konzentrieren wir uns hier auf die Variablen Alter und Geschlecht.
Der vielzitierte »Generationskonflikt« besagt für unsere Überlegungen, daß sich Jugend und Alter für die Prämisse ihrer Argumentation sicher auf unterschiedliche »soziale Gewißheiten« stützen werden. Wobei diese »sozialen Gewißheiten« eher dann größte Wahrscheinlichkeit einer Übereinstimmung bieten, wenn die Gesprächspartner *einer* bestimmten sozialen Gruppe (also auch altersmäßig) angehören.

A
1. Wir haben den Krieg erlebt...
2. Wir wissen, was Not ist...
3. Deshalb sind wir überzeugt, daß...

B
1. Heute sieht doch alles ganz anders aus...
2. Wir leben jetzt in einer Welt...
3. Deshalb muß man das so sehen...

Oft wird diffamierend von »typisch weiblicher Logik« gesprochen. Wenn es eine geschlechtsspezifische Argumentationsweise wirklich geben sollte, dann ist nur dieses erkennbar und (allerdings nur pauschal) feststellbar: Frauen im Berufsleben sind weniger prestigeorientiert. Sie können besser zuhören, wodurch sie es viel besser verstehen, auf den Partner einzugehen und viel besser von ihm her (Du-Standpunkt) zu argumentieren, was ihre Fähigkeit zur Kompromißfindung begründet. Man kann von ihnen das Aufeinander-Eingehen lernen.

2.4. Die Situationsvariablen

Im privaten Gespräch ist es womöglich leichter, aufeinander einzugehen, als beispielsweise in einer harten Verhandlung, in einem Mitarbeitergespräch, in einer politischen Diskussion.
Möglicherweise wird man argumentativ sogar in dem einen oder anderen Fall den Dissens herausstellen, um eine strategisch günstigere Position zu gewinnen. Das ist dann im Extremfall die sogenannte Howard-Hughes-Verhandlungsmethode:
Ungemütliches Verhandlungsklima schaffen (auch was die Umgebung betrifft); keine Gefühle zeigen, keine Gefühle ansprechen; keinen positiven Kontakt zum Verhandlungspartner herstellen; möglichst viele Mißverständnisse aufkommen lassen; den Verhandlungspartner bezüglich Weg und Ziel im unklaren lassen; den Verhandlungspartner unter Zeitdruck setzen; keine Konzessionen machen.
Zu solchen »Tricks« lesen Sie mehr im Kapitel »Unfaire Dialektik. Angriff und Abwehr«.
Aber zum positiven Aspekt: Sie werden Ihre Argumentationsweise (die Wahl Ihrer Beispiele, das Aufzeigen von Konsequenzen) schon abhängig machen von der Gesprächssituation. Sie wollen etwas erreichen (den Käufer, den Mitarbeiter, das Auditorium zum Handeln in Ihrem Sinn motivieren); danach wird sich die Auswahl Ihrer Argumente und Ihre rhetorische Ausgestaltung zu richten haben (s. Kapitel 18–21).

2.5. Die Interaktionsvariablen

Im Wort »Schlagabtausch« findet das heftige argumentative Hin und Her einen bildhaften Ausdruck. Die These ruft die Antithese

hervor, diese wiederum eine neue Gegenthese. Man ist verbissen konträrer Meinung. Geschieht der Argumentenaustausch offen und unter gegenseitiger Achtung, dann braucht man nicht von »Schlagabtausch« zu reden.
Die Argumentationsweise ist also von der Art und Weise des Miteinander-Umgehens mitbestimmt. Druck erzeugt nur Gegendruck; die Kampfhormone bestimmen das Geschehen auf dem »Kriegsschauplatz«. Das Argumentieren wird zur »Rüstungsspirale«; das Zerstören des Bildes (Weltbildes) des anderen wird zur heimlichen oder auch unheimlichen Lust.

A *Das kann man so nicht sagen.*
B *Und ob man das sagen kann!*

A *Aber das ist doch Unsinn!*
B *Aber genau so ist es!*

A *Quatsch, was du da redest!*
B *Von deinem Blödsinn ganz zu schweigen!*

So schaukelt man sich gegenseitig hoch, »schlägt sich die Argumente um die Ohren«, lauert auf die Niederlage des Gesprächsgegners.
Wer Erfolg haben will, sollte sich dieser unheilvollen Mechanik bewußt sein und seine Argumentation gründen auf die Achtung des Gegenübers und auf Offenheit, ja Wahrheit. (Denn Sie wissen: Das Argumentieren kann logisch richtig sein und doch unwahr!).
Eine von Respekt und Aufrichtigkeit geprägte Interaktion ist Garant für eine faire Dialektik.

2.6. Die Außenvariable

Damit ist der Gesprächsrahmen gemeint.
Es macht für die Wahl der Argumente schon einen Unterschied, ob der Gesprächsrahmen eher intim, geschäftsmäßig oder öffentlich ist.

Interessant ist ja, daß gerade für geschäftliche Verhandlungen gern ein Rahmen gewählt wird, der, so hofft man, auf die Argumentation nicht ohne Einfluß ist. Das Geschäftsessen spekuliert dabei zunächst ganz simpel auf die lateinische Spruchweisheit »Plenus venter non studet libenter«, zu deutsch: »Ein voller Bauch denkt nicht gerne nach.« Oder man hofft auf eine andere Weisheit: »Im Wein liegt Wahrheit.« Ein solchermaßen bereiteter Gesprächsrahmen ist logischer und argumentativer Wachsamkeit und Stimmigkeit erfahrungsgemäß nicht gerade förderlich.

Zum sachgerechten Argumentieren bedarf es in bestimmten Fällen sicher auch einer gewissen emotionalen Distanz; das meint nicht Kühle oder gar Kälte, sondern ganz einfach die zeitweilige Dominanz von Verstand und Vernunft. Da unsere Befindlichkeit auch wesentlich von Umgebung und Raum abhängt, sollten Sie für Ihre Gespräche diesen Umstand mitbedenken, um Ihre Argumentation dem Ziel gemäß »einzubetten«.

3. Psychologisch begründete Urteilstendenzen, die zu Fehl- und Trugschlüssen führen

Daß Meinungsbildung und Urteilsfindung nicht nur mit Logik, sondern ebenfalls mit Psycho-Logik zu tun haben, erhellt schlagartig der folgende jüdische Witz:

Gespräch auf dem Bahnsteig:
»Wohin fährst du?«
»Nach Warschau, Holz einkaufen.«
»Wozu die Lüge? Ich weiß doch: wenn du sagst, du fährst nach Warschau, Holz kaufen, dann fährst du in Wirklichkeit nach Lemberg, Getreide verkaufen.
Zufällig weiß ich aber, daß du tatsächlich nach Warschau fährst, um Holz zu kaufen.
Warum lügst du also?«

3.1. Der erste Eindruck

1. Der Bewerber hat ein gepflegtes Erscheinungsbild.
2. Gepflegte Menschen sind zuverlässig.
3. Der Bewerber ist sicher ein zuverlässiger Mensch.

Sind wir ehrlich: Neigen wir nicht alle zu vorschnellen Urteilen über einen Menschen, den wir gerade erst kennengelernt haben?
Beim Vorstellungsgespräch ist dies eine besondere Gefahr, die fatale Folgen haben kann.
Die Schlußfolgerung aus einem einzelnen Aspekt der Gesamtpersönlichkeit abzuleiten, kann ein sträflicher Irrtum sein.
Dabei sitzt man als Beurteiler (kritisches Eltern-Ich) möglicherweise seinem eigenen Muster auf.
Wichtig ist, dem noch Unbekannten besonders offen zu begegnen und nicht vorschnell von einem momentan überwiegenden Ein-

PSYCHOLOGISCH BEGRÜNDETE URTEILSTENDENZEN, DIE ZU FEHL- UND TRUGSCHLÜSSEN FÜHREN

druck auf die Gesamtperson zu schließen, mit der zusätzlichen Gefahr, daß sich das einmal getroffene Urteil verfestigt (siehe: Einfrieren).

Bedenken Sie: Wenn wir einander erstmals begegnen (womöglich in nicht vertrauter Umgebung und aus ungewöhnlichem Anlaß), sind wir emotional besonders engagiert. Wir begegnen uns noch nicht so selbstverständlich wie nach besserem Kennenlernen. Das kann dazu führen, daß wir uns gar nicht so geben, wie wir eigentlich sind. So sind unsere Prämissen, die wir hinsichtlich eines Urteils über die neue Person heimlich aufstellen, noch reichlich ungesichert!

3.2. Sympathie und Antipathie

1. Leute, die mir sympathisch sind, sind vertrauenswürdig.
2. Er ist mir sympathisch.
3. Also ist er auch vertrauenswürdig.

Ein kommunikationspsychologischer Grundsatz lautet: Ich bin okay – du bist okay.

Das heißt, ich gestehe jedermann zunächst zu, daß er wenigstens über drei positive Eigenschaften verfügt.

Es ist ja ganz sympathisch, daß Liebe nicht blind macht, sondern Dinge sieht, die gar nicht da sind. Daß dies aber dazu führen kann, daß man Prämissen aufstellt, die jeder Evidenz entbehren, ist eine nicht zu leugnende Gefahr.

Will man positiv für oder negativ gegen eine Person argumentieren, sollte man sich von allzu unkontrollierter Sympathie oder Antipathie freihalten! Der Denkprozeß und das Schließverfahren könnten sonst arg belastet sein.

Gefühlsneutralität wird kaum (und soll auch nicht) zu erreichen sein. Wichtig ist das Bewußtsein, daß beim Urteilen über Menschen Sympathie und Antipathie eine Rolle spielen.

Geben wir acht, daß uns diese Sentenz nicht treffen kann: »Einsichtsvoll finden wir immer nur Menschen, die unsere Meinung teilen.« (La Rochefoucauld)

3.3. Projektion

1. Ich entdecke in ihm meine eigenen Stärken.
2. Ich besitze Entschlußkraft.
3. Also ist er bestimmt entschlußfreudig.

Unter Projektion versteht man das Hineinverlagern eigener Charakteristika in das Persönlichkeitsbild eines anderen. »Gleich und Gleich gesellt sich gern«: Man wird dazu neigen, sich einem Gegenüber, an dem man seine eigenen guten Eigenschaften zu entdecken meint, besonders unkritisch anzuvertrauen. Die Beurteilung dieses partiellen Spiegelbildes fällt natürlich eher günstig aus. Das teilweise im Positiven Ähnliche verleitet zu der Annahme (Prämisse), es wäre um das Gegenüber insgesamt bestens bestellt.
Oder aber gerade das krasse Gegenteil! – Dann werden für das Gegenüber die eigenen problematischen Züge, die man in ihm – vielleicht völlig fälschlicherweise – zu entdecken glaubt, zum Verhängnis:
»Ich kenne mich – ich kenne dich – du bist ein Gauner!« Also sollte man nie zu sehr von sich selbst ausgehen, aus sich selbst die Prämissen schöpfen, um Schlüsse über andere zu ziehen.

3.4. Übertragung

1. Der Bewerber hat geredet wie unser Mitarbeiter Müller.
2. Auf Müller ist kein Verlaß.
3. Der Bewerber ist sicher ein unzuverlässiger Mann.

Hier gilt im wesentlichen, was gerade bezüglich der Projektion gesagt wurde. Wieder handelt es sich um eine Übertragung von Charakteristika, die einer Person eignen, auf eine andere, mit all den damit verbundenen Möglichkeiten des Irrtums (Fehl- und Trugschlusses).

3.5. Vermutungen/Vorurteile

1. Männer mit Bart haben etwas zu verbergen.
2. Er trägt einen Bart.
3. Er hat etwas zu verbergen.

»Ein Urteil läßt sich widerlegen, aber ein Vorurteil nie.« (Marie v. Ebner-Eschenbach)
Vor-Urteile sind dem logischen Schluß vorauseilende Urteile, also eigentlich nur Vermutungen.
Warum stützen wir dennoch – gegen alle Regeln der Logik – unser Urteil bisweilen auf solch bloße Vermutungen?
Wir haben bestimmte Beurteilungskriterien unkritisch und ungeprüft übernommen, meist in einer Zeit, da wir noch ohne eigene ausreichende Erfahrungen waren – also in der Zeit, als wir von Elternhaus, Schule, vielleicht auch Kirche geprägt wurden. Dies alles wirkt nach in unserem eigenen Eltern-Ich; hier sind die Werte, die Muster gespeichert, die wir als Maßstäbe für unser Urteilen gebrauchen.
So laufen wir Gefahr, überkommene Denkschablonen, Fremdurteile also, die als eine Art »sozialer Gewißheiten« längst überholt sind, aus reiner Gewohnheit unkritisch weiter zu gebrauchen, um – notwendig – falsche Schlüsse zu ziehen. Wir sind unserer Bequemlichkeit, Denkfaulheit, Unselbständigkeit, Autoritätsgläubigkeit oder mangelnden Zivilcourage aufgesessen – bewußt oder unbewußt. Aktuelle politische Beispiele belegen, wie ein solches Denken ganze Völker in die Irre zu führen vermag. Und das Umdenken, das Sich-Befreien aus der Unmündigkeit, ist ein schwerer Prozeß für jedes Individuum. Machen wir nicht den Fehler, unser Argumentieren auf ideologisch gefärbte Prämissen zu bauen, die nie gegolten haben oder zumindest längst nicht mehr gelten!

3.6. Kategorisierung

1. Menschen mit linksradikaler Vergangenheit sind unordentlich.
2. Sie war aktiv in der Studentenbewegung.
3. Sie ist unordentlich.

Kategorisieren ist eine Form des Vor-Urteilens.
»Je weiter nach Süden, desto fauler die Leute.«
Die Menschen neigen zum Kästchen-Denken, um Ordnung in ihr Leben zu bringen. Hervorragend eignen sich hierzu soziale Stereotype wie bestimmte Berufsgruppen, Parteien, Konfessionen, Nationalitäten usw. In unserer Kommunikationsgesellschaft werden wir so mit Informationen überflutet, daß das Bedürfnis nach Vereinfachung, um halbwegs die Orientierung zu bewahren, verständlich ist. Aber die Gefahr der ungenügenden Differenzierung ist da groß; die Flucht ins Schema verführerisch.
Anstatt sich als analytisches Erwachsenen-Ich den neuen Erfahrungen zu stellen, zieht man es vor, sich der vertrauten Modelle, Muster und Wertsysteme zu bedienen, um zu einer schnellen Einordnung des Neuen zu gelangen:
»So war es immer – das wird auch so sein.«
Hüten wir uns vor einem Denken, das Umdenken verhindert und damit auch neue Ansätze zu neuartigen Schlußfolgerungen für neue Lösungen.

3.7. Willkürliches Verallgemeinern

1. Weibliche Angestellte sind öfters krank als ihre männlichen Kollegen.
2. Sie ist eine Frau.
3. Sicher legt sie öfters einen Krankenschein vor.

Das willkürliche Verallgemeinern ähnelt dem Vor-Urteilen und dem Kategorisieren.
»Franzosen sitzen entweder im Restaurant oder machen Liebe.«
»Protestanten sind genußfeindlich.«
»Sozis können nicht mit Geld umgehen.«
»Rheinländer sind laut und leichtsinnig.«
Obwohl all diese Verallgemeinerungen keiner logischen Prüfung standzuhalten vermögen, werden sie als Stereotype hartnäckig weiterbenutzt.

PSYCHOLOGISCH BEGRÜNDETE URTEILSTENDENZEN, DIE ZU FEHL- UND TRUGSCHLÜSSEN FÜHREN

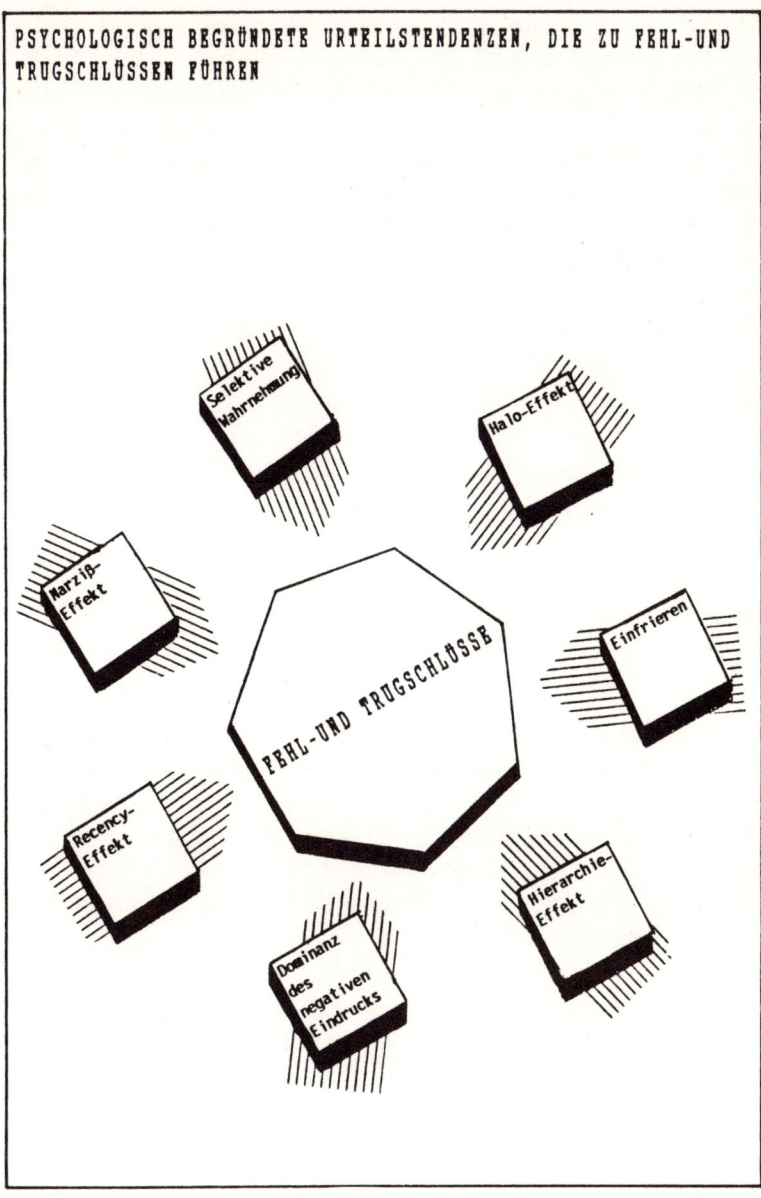

Das geschieht keineswegs immer gedankenlos, sondern oft in wohlberechneter Absicht. Die Fehlschlüsse unterlaufen dann nicht ahnungslos, sondern werden zwecks Irreführung ganz bewußt gezogen:
Wenn berufstätige Frauen tatsächlich im statistischen Mittel sich öfter krank melden als Männer, dann könnte man mit diesem Hinweis im Einzelfall eine mißliebige Bewerberin aus dem Rennen werfen, auch wenn sie sich gesundheitlich als besonders robust erwiesen hätte. Das willkürliche Verallgemeinern ist also ein Kampfmittel (s. »Unfaire Dialektik. Angriff und Abwehr), auf das Sie der Wahrheit zuliebe verzichten sollten!

3.8. Selektive Wahrnehmung

1. Er ist von ungeheuerer Betriebsamkeit.
2. Betriebsame Menschen sind tüchtig.
3. Er ist ein tüchtiger Mitarbeiter.

Selektiv wahrnehmen heißt, sich auf ein Detail zu konzentrieren und dabei den Kontext, das Umfeld, die weiteren Umstände aus den Augen zu verlieren. Das auffällige einzelne wird aus seinem Zusammenhang gelöst und erhält übertriebene Wertigkeit.
In unserem Beispiel ist die isoliert betrachtete und positiv gewertete »Betriebsamkeit« in Wahrheit vielleicht nur leerlaufender Aktionismus aus Unsicherheit, Unkontrolliertheit, Nervosität und mangelnder Übersicht. Ob dies wirklich Ergebnisse eines »tüchtigen« Mitarbeiters zeitigt, ist dann mehr als fraglich.
Würde man also die übrigen beobachtbaren Eigenarten mit in Betracht ziehen, käme man möglicherweise zum Ergebnis: Dieser Mitarbeiter ist nicht tüchtig, sondern unproduktiv.
Eine willkürlich herausgegriffene Einzelheit, die nicht für das Ganze stehen kann, taugt nicht als Prämisse; sie wird zum Trugschluß führen.

3.9. Halo-Effekt

1. Sie hat im Umgang mit Arbeitskollegen eine Engelsgeduld.
2. Sie hat als Mutter eine Engelsgeduld.
3. Sicher ist sie eine ausgezeichnete Hausfrau.

»Halo« (engl.) – das ist der Heiligen- oder Glorienschein. Wo der strahlt, kann das Negative ein willkommenes Schattendasein führen – frei nach Brecht:
»Und das im Dunkeln sieht man nicht.«
Wo eine solch strahlende Erscheinung ihn blendet, ist der Beurteilende bereit, auch die Merkmale als strahlend anzunehmen, die sich seiner Beobachtung entziehen.
Das Umgekehrte ist ebenso denkbar: Ein besonders ausgeprägtes negatives Merkmal kann alle guten Eigenschaften verdunkeln.
Wieder geht der Schluß, der auf die ein oder zwei beobachteten Einzelheiten gründet, möglicherweise völlig in die Irre.
Strapazieren wir also auch eine glanzvolle Prämisse nicht über ihren tatsächlichen Argumentationswert hinaus!

3.10. Einfrieren

1. Diebe sind Gewohnheitstäter.
2. Er hat gestohlen.
3. Er wird immer wieder stehlen.

»Wer einmal lügt, dem glaubt man nicht, und wenn er auch die Wahrheit spricht.«
Eine einmal gemachte Erfahrung bewahren wir auf wie Tiefgefrorenes und sind nicht bereit, sie aufzutauen aufgrund neuer Erkenntnisse.
Das aber kann ein sehr ungerechtes, sehr eisiges Verhalten sein.
Neue, gesicherte Erkenntnisse sollten uns Prämissen sein zu neuen, gerechteren Schlüssen!

3.11. Der Hierarchie-Effekt

1. Er ist schnell und früh zum Prokuristen aufgestiegen.
2. Als Prokurist steht er über seinen Mitarbeitern.
3. Er ist sachkundiger als die Mitarbeiter.

Eine Gesellschaft, die den Erfolg eines Menschen zum Maßstab seiner generellen Wertigkeit nimmt, neigt dazu, dem Erfolgreichen automatisch einen Bonus zuteil werden zu lassen.
Dann ist das Urteilsvermögen eingeschränkt: Von der erwiesenen Leistungsfähigkeit wird unbegründet auf andere Eigenschaften und Fähigkeiten geschlossen. Die eine gesicherte Prämisse steht stillschweigend für andere ganz andersartige, die erst erkannt und formuliert werden müßten.
Also: Keine unbegründeten Analogieschlüsse aufgrund von übertriebenem oder falschem Respekt!

3.12. Die Dominanz des negativen Eindrucks

1. Die letzte Besprechung war unerfreulich.
2. Mit X kann man nicht reden.
3. Besprechungen mit X sollte man grundsätzlich meiden.

Das Kind hat sich am Herd die Finger verbrannt. Es wird diese Erfahrung speichern, um zukünftig ein solches Unlustgefühl zu vermeiden und so vor Schaden bewahrt zu werden.
Das ist der Sinn der fortdauernden unbewußten Präsenz negativer Eindrücke. Wir werden zukünftig solchen Bedrohungen reflexhaft ausweichen.
Sinnlos aber wäre in unserem Beispiel der Schluß: Der Herd taugt nichts. Ich be-fasse mich grundsätzlich mit keinem Herd. Dabei kommt es nur auf den sachgerechten Umgang an!
Die Unlustvermeidung ist kein logisch zwingender Grund für ein Ausweichmanöver. Da muß verstandesmäßig gegengesteuert werden, um die drohende Dominanz des Emotionalen zu verhindern.

Mit Prämissen, die einer negativen Haltung entspringen, konstruieren sich alle Voraussetzungen für eine negative »sich selbst erfüllende Prophezeiung.«
Sie wollen positive Ergebnisse. Versuchen Sie also besser, auch Ihr Argumentieren auf eine positive, optimistische Einstellung zu gründen!

3.13. Der Recency-Effekt

1. Gestern hat es den ganzen Tag geregnet.
2. Der Himmel ist bewölkt.
3. Sicher wird es heute auch wieder regnen.

Hätte gestern die Sonne geschienen, würde das Urteil womöglich lauten: Die Wolken werden sich verziehen, und es wird wieder schön. Und dieses Urteil würde wahrscheinlich auch dann so ausfallen, wenn es vorgestern und an den weiteren Vortagen geschüttet hätte. Länger zurückliegende Erfahrungen beeindrucken uns eben weit weniger als das kürzlich Erlebte. Das ist mit »Recency-Effekt« gemeint.
Die jüngst gemachten Erfahrungen mit einem Mitarbeiter, die jüngste politische Entwicklung, das jüngst veröffentlichte Unternehmensergebnis beeindrucken uns so, daß wir von daher unsere Schlüsse zu ziehen neigen, als wären die jüngsten Prämissen die besten und gesichertsten. Lassen wir uns bei der Wahl der Prämissen nicht überrumpeln vom Reiz ihrer »jugendlichen Frische«!

3.14. Der Narziß-Effekt

1. Ich habe die Entdeckung gemacht...
2. Das scheint mir unumstößlich...
3. Deshalb kommt nur in Frage...

Von nichts ist man leichter überzeugt als von dem, was man als seine ganz eigene Erkenntnis beansprucht. Gute Verhandlungsführer, Verkäufer und Vorgesetzte lassen daher den Gesprächspartner lieber selbst zu der gewünschten Erkenntnis kommen, als daß sie sie ihnen »vorkauen« würden.

Narziß war ein in sein eigenes Spiegelbild verliebter Jüngling. Man kann in seine selbst gefundenen Argumente so verliebt sein, daß man selbst wider richtigere Erkenntnis daran festhält. Es ist eine Art von Solipsismus: Ein erkenntnistheoretischer Standpunkt, der nur das eigene Ich mit seinen Bewußtseinsinhalten als das einzig Wirkliche gelten läßt.

Ein Selbstbetrug-Schluß!

Machen wir uns beim Aufbau unserer Argumentation nicht zum Maßstab aller Dinge!

Experiment A

Herr Müller ist Ihr neuer Kollege. Sie haben bislang noch keinerlei eigene Erfahrungen mit ihm gemacht. Aber sie haben die folgende kurze Charakterisierung gehört:
»Herr Müller ist ein besonders warmherziger Mensch. Er ist an seiner neuen Tätigkeit außerordentlich interessiert. Wenn es die Aufgabe erfordert, ist er in der Lage, sie selbständig zu lösen. Er verfügt über eine gute Auffassungsgabe und einen analytischen Verstand. Sinnvollen Neuerungen gegenüber ist er relativ aufgeschlossen.«

Nun kreuzen Sie von den nachstehenden Eigenschaften diejenigen an, die Sie bei Herrn Müller erwarten:

verständnisvoll	unglücklich
offen	humorlos
gesellig	zuverlässig
beliebt	verschlossen
gutmütig	distanziert
humorvoll	ernst
sympathisch	aggressiv
selbstsicher	verantwortungsbewußt
dynamisch	leistungsfähig

Sie haben jetzt zwei Möglichkeiten: Entweder Sie lassen den Test auf der nächsten Seite von jemand anderem ausfüllen oder Sie machen ihn selbst zu einem späteren Zeitpunkt.

Experiment B

Herr Müller ist Ihr neuer Kollege. Sie haben bislang noch keinerlei eigene Erfahrungen mit ihm gemacht. Aber Sie haben die folgende kurze Charakterisierung gehört:
»Herr Müller legt im persönlichen Umgang eine auffallende Kälte an den Tag. Er ist an seiner neuen Tätigkeit außerordentlich interessiert. Wenn es die Aufgabe erfordert, ist er in der Lage, sie selbständig zu lösen. Er verfügt über eine gute Auffassungsgabe und einen analytischen Verstand. Sinnvollen Neuerungen gegenüber ist er relativ aufgeschlossen.«

Nun kreuzen Sie von den nachstehenden Eigenschaften diejenigen an, die Sie bei Herrn Müller erwarten:

verständnisvoll	unglücklich
offen	humorlos
gesellig	zuverlässig
beliebt	verschlossen
gutmütig	distanziert
humorvoll	ernst
sympathisch	aggressiv
selbstsicher	verantwortungsbewußt
dynamisch	leistungsfähig

Und nun vergleichen Sie die beiden Ergebnisse.

Ist es nicht so, daß im Experiment A in der linken Spalte (mit den positiven Begriffen) deutlich mehr Ankreuzungen zu finden sind und im Experiment B dagegen deutlich mehr Ankreuzungen in der rechten (mit den zumeist negativ besetzten Eigenschaften)?
Jetzt haben Sie selbst erlebt, wie ein einzelnes Merkmal Sie zu Vermutungen, Vorurteilen und Verallgemeinerungen, zum Kategorisieren, Übertragen, Projizieren usw. verleiten kann.
Die Prämisse »Er ist warmherzig« oder »Er ist kalt« ist eben keine »soziale Gewißheit«, sondern nur eine »soziale Vermutung«.
Herz und Verstand sollten einander ergänzen, sich aber nie gegenseitig ausschalten, sonst leidet unser Urteilsvermögen!

4. Ich-Zustand und Argumentation

Der Argumentation voraus geht ein wechselseitiges Beobachten: Wie ist das Gegenüber einzuschätzen, in welcher Gemütslage befindet es sich, welcher Ich-Zustand dominiert im Augenblick? Eine ausführliche Darstellung der Transaktionalen Analyse kann hier nicht gegeben werden (siehe dazu: *Bernd H. Reutler, Kommunikationstraining*). Die folgende kurze Übersicht der sogenannten Ich-Zustände mag genügen:

Kindheits-Ich (Dominanz der positiven oder negativen emotio); Spontaneität/Lust- und Unlustgefühle/triebgesteuertes Verhalten

Eltern-Ich [Mischung aus emotio (Fürsorge) und ratio (Kritik)] Weltbild/Werte/Muster/ Vor-Urteile

Erwachsenen-Ich (Dominanz der ratio) Vernunft/Verstand/Erfahrung

Höchst selten verharrt ein Gesprächspartner für die ganze Dauer des Gespräches in einem Ich-Zustand. Der Wechsel von einem in den anderen Ich-Zustand kann – bedingt durch die Interaktion – von Satz zu Satz erfolgen.
Es ist auch nicht zu erwarten, daß ein Ich-Zustand quasi lupenrein auftritt; Mischungen und Trübungen sind allemal möglich.
Wichtig für Ihre Argumentation ist, sich auf den jeweiligen Ich-

Zustand des Partners einzustellen. Es ist einsichtig, daß ein witziges Argument (Kindheits-Ich) einen Gesprächspartner, der auf größtmögliche Sachlichkeit Wert legt (Erwachsenen-Ich), nicht unbedingt überzeugt. Das kritische Vor-Urteil (Eltern-Ich) wird weder den vernünftigen (Erwachsenen-Ich) noch den Spontanen (Kindheits-Ich) überzeugen usw.

Daraus folgt: Die Akzeptanz Ihrer Argumente ist um so größer, je mehr es Ihnen gelingt, sich mit dem Partner auf »gleicher Wellenlänge« auszutauschen. Andernfalls kommt es zur Kommunikationsstörung; die Beziehungsebene wird negativ belastet.

Dies wirkt auf Ihre Argumente wie ein Störsender: Sie kommen nicht durch oder doch nur grob verfälscht.

Wenn Sie als Sender den guten Empfang Ihrer Argumente wünschen, dann sorgen Sie für die Wahl der richtigen Wellenlänge; das ist die erste Voraussetzung für einen positiven Austausch der Nachrichten (Argumente).

KUNDE: *VERKÄUFER:*

K: Ich liebe eine sportliche Fahrweise.

V: Die 190-PS-Maschine hat eine tolle Power. Mit der haben Sie unheimliche Reserven.

K: Wissen Sie, ich halte prinzipiell nichts von überflüssigem Schnickschnack.

V: Das Standard-Modell verzichtet auf solch fragwürdiges Beiwerk und ist ganz auf Zweckdienlichkeit ausgerichtet.

K: Mir kommt es in erster Linie auf den sparsamen Verbrauch an.

V: Das Fünfgang-Getriebe garantiert Ihnen eine rationelle Fahrweise.

Sie merken: Die Ausrichtung der Argumente auf den Ich-Zustand des Gesprächspartners erfolgt nicht nur inhaltlich, sondern auch stilistisch. Die Angemessenheit des Ausdrucks war schon in der Antike durch Regeln des »richtigen« Sprechens angestrebt.
Sprechweise und Körpersprache werden ebenfalls auf den Ich-Zustand des Gesprächspartners abgestimmt sein müssen.
Wie Sie auch aus dem Dialog der nachfolgenden Übung ersehen werden, läuft eine Argumentation aus dem Zustand des Erwachsenen-Ichs heraus am wenigsten Gefahr, Kommunikationsstörungen hervorzurufen. Sie ist frei von unbegründeten Behauptungen; statt dessen stellt sie in Frage und läßt in Frage stellen; so hält sie den Argumentationsprozeß wirklich offen.
Wenn dann am Ende dieses Prozesses Konsens besteht, ist dieser nicht autoritär (Eltern-Ich) herbeigeführt, und ein eventueller Kompromiß ist kein fauler, sondern ein vernünftiger.

ÜBUNG (Ich-Zustand und Argumentation)

Kreuzen Sie den Ich-Zustand (K; K/EL; EL/ER; K/ER; ER) an, aus dem heraus die einzelnen Aussagen Ihrer Meinung nach gemacht wurden:

	K	EL	K/EL	EL/ER	K/ER	ER
A Kinderkrippen! Also von dieser sozialistischen Errungenschaft halte ich überhaupt nichts!	☐	☐	☐	☐	☐	☐
B Was ist daran so sozialistisch?	☐	☐	☐	☐	☐	☐
A Gleichmacherische Massenaufzucht!	☐	☐	☐	☐	☐	☐
B Du meinst, die Kinder werden dort nicht individuell betreut?	☐	☐	☐	☐	☐	☐
A Kinder? Das sind doch noch winzige Säuglinge. Also mir tun die richtig leid.	☐	☐	☐	☐	☐	☐
B Sorgst du dich darum, daß die Kinderkrippe für ihre Entwicklung schädlich sein könnte?	☐	☐	☐	☐	☐	☐
A Säuglinge brauchen eine feste Bezugsperson – und da sind doch wer weiß wie viele mit den Kindern beschäftigt.	☐	☐	☐	☐	☐	☐
B Aber die Kinder sind doch abends zu Hause bei ihren Eltern oder Müttern?	☐	☐	☐	☐	☐	☐

	K	EL	K/EL	EL/ER	K/ER	ER
A Und tagsüber setzt man sie wieder alle gleichzeitig auf den Topf! Wie 'ne Legebatterie! Wenn ich die Bilder sehe, bekomme ich richtig Gänsehaut.	☐	☐	☐	☐	☐	☐
B Ich habe die Bilder auch gesehen. Hast du schon einmal daran gedacht, was für eine Hilfe die Kinderkrippen für alleinstehende, berufstätige Mütter bedeuten können?	☐	☐	☐	☐	☐	☐
A Ist doch nur nötig, weil dort alles so unproduktiv ist und die Frauen als Arbeitskräfte dringend gebraucht werden.	☐	☐	☐	☐	☐	☐
B Könnte es sein, daß die Frauen dadurch aber auch die Chance zu größerer Selbständigkeit erhalten?	☐	☐	☐	☐	☐	☐
A Auf Kosten der armen Würmer!	☐	☐	☐	☐	☐	☐
B Sind Entwicklungsstörungen denn schon wirklich festgestellt worden?	☐	☐	☐	☐	☐	☐
A Da ist eine entsprechende Studie veröffentlicht worden.	☐	☐	☐	☐	☐	☐

	K	EL	K/EL	EL/ER	K/ER	ER
B Heißt das, daß das ganze Modell nichts taugt und für uns hier indiskutabel ist?	☐	☐	☐	☐	☐	☐
A Also ich meine schon, daß bei uns für berufstätige Mütter was getan werden müßte.	☐	☐	☐	☐	☐	☐
B Auch in Richtung Kinderkrippen?	☐	☐	☐	☐	☐	☐
A Wenn das auf halbtags beschränkt wäre und hervorragend ausgebildete Fachkräfte zur Verfügung stünden...	☐	☐	☐	☐	☐	☐
B Dann ist das mit den Kinderkrippen möglicherweise also mehr eine Frage der Qualität als eine grundsätzliche Frage?	☐	☐	☐	☐	☐	☐
A Für uns hier ja.	☐	☐	☐	☐	☐	☐
B Dann wär's doch einen Versuch wert?	☐	☐	☐	☐	☐	☐
A Wird man sicher weiter drüber nachdenken müssen...	☐	☐	☐	☐	☐	☐

LÖSUNG:
Die Aussagen von B kommen alle aus dem ER.
Für die Aussagen von A gilt in chronologischer Reihenfolge: EL; EL; EL/K; EL/ER; EL/K; ER; ER; ER; ER.

»Zuerst collegium logicum«

5. Definition (Begriffsbestimmung)

Um etwas begreifen zu können, brauchen wir zunächst Begriffe, die unzweideutig eine Sache bestimmen. Dies ist aber mit den Begriffen selbst von vornherein nicht unbedingt gegeben. Ob wir mit der Vorstellung, die ein Begriff in uns erweckt, übereinstimmen, ist erst einmal zu überprüfen. Es geht um das Wortverwendungsverstehen. Dies geschieht durch die Definition, d. h. die *Begriffsbestimmung*.

»Man kennt die Dinge nur durch die Worte.« (Erasmus)
»Die größte Deutlichkeit war immer die größte Schönheit.« (Lessing)
Die beiden Zitate besagen für unser Thema: Um zu argumentieren, müssen wir Worte wählen, und am schönsten ist es, wenn wir dabei um Deutlichkeit und Eindeutigkeit besorgt sind.

Also nicht in der Weise, wie Goethe es kritisiert:»... Wie sich denn alles behaupten läßt, wenn man sich erlaubt, die Worte ganz unbestimmt bald in weiterem, bald engerem, in einem näher oder ferner verwandten Sinne zu gebrauchen und anzuwenden.«

Ich kann beispielsweise »Gesetz« einmal im naturwissenschaftlichen, einmal im juristischen Sinn verwenden. Da Argumentation immer ein Ziel hat, ist Exaktheit des Ausdrucks sicher geeigneter, dorthin zu führen, als das Unexakte.

Es sei denn, man will sein Ziel durch bewußtes Verschleiern erreichen.

Wahrscheinlich hätte man es als Laie sehr schwer, gegenüber einem Nato-Offizier gegen die »Vorwärtsverteidigung« zu argumentieren, weil er natürlich die Interpretation »›Vorwärtsverteidigung‹ ist nur ein schönfärberisches Wort für ›Angriff‹« nicht akzeptieren würde. Also soll er selbst erst einmal »Vorwärtsverteidigung« definieren, bevor wir uns weiter unterhalten!

Wenn in eine Argumentation ein Begriff neu eingeführt wird, muß er definiert werden.

Dabei wird zunächst einmal ganz einfach eine Inhaltsangabe des Begriffs gegeben werden.
Aber genügt das?
Wer da den Begriff inhaltlich bestimmt und abgrenzt (A), hat möglicherweise letztlich eine ganz andere Vorstellung als sein Gesprächspartner (B):

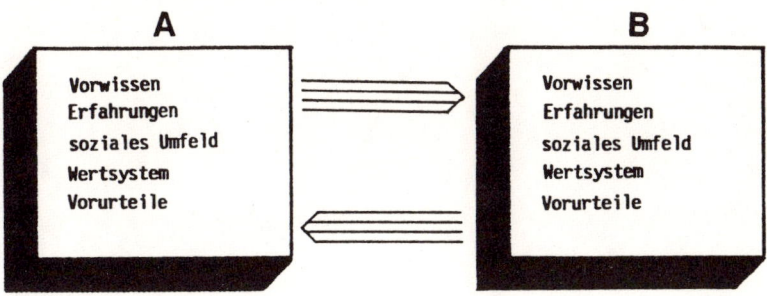

Für den Erfolg der Argumentation ist es wichtig, daß man die »gleiche Sprache« spricht. Um sicher zu gehen, daß die Argumentation auch »ankommt«, muß man sich über den Sprachcode des Partners im klaren sein und versuchen, ihn auf seiner Sprachebene zu erreichen.
Wie definieren Sie »Kunde«?
Das wird zunächst einmal entscheidend davon abhängen, wie Sie sich in welcher Umgebung (in welchem System) als Kunde erlebt haben. In einer sozialistischen Mangelwirtschaft hat man als Kunde möglicherweise immer zufrieden zu sein mit dem, was man gerade bekommt (was gerade da ist). Im System der freien Marktwirtschaft gilt: Der Kunde ist König; ein unzufriedener Kunde ist ein verlorener Kunde; Dienst am Kunden ist unser Verdienst; noch nie hat ein Verkäufer einen Streit mit einem Kunden gewonnen.
Ins Allgemeine gewendet: Begriffe haben nicht nur eine lexikalische Existenz, sondern sie sind mit jedem einzelnen von uns in ganz individueller Weise verbunden. Also genügt es im Gespräch nicht, schnell einmal im Lexikon nachzulesen, was »Treue« meint, sondern die Gesprächspartner werden sich auch darüber austauschen müssen, was sie persönlich unter »Treue« verstehen.

Doch Vorsicht: Hier lauert ein echter Gesprächs-Killer! Man kann nämlich einer regelrechten Wut des Ausdefinierens verfallen. Nach einer so erschöpfenden Definition wird die eigentliche Argumentation erst gar nicht mehr begonnen. Und eigentlich wollte man doch Argumente für oder gegen die Behauptung »Partnerschaft ohne Treue ist nicht möglich« vorbringen.
Fassen wir in einer Skizze den Definitionsablauf zusammen:

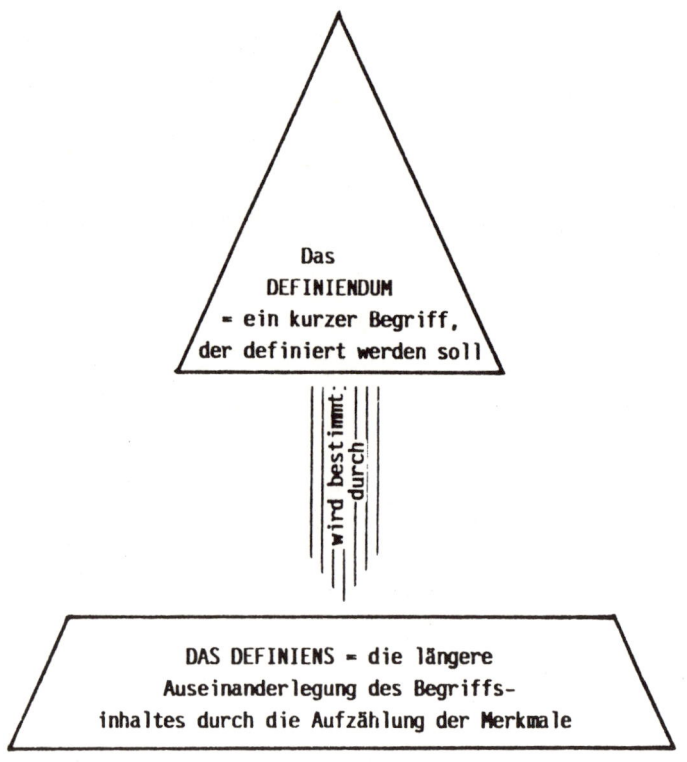

Wenden wir uns jetzt zunächst der Definition von Gegenständen (das schließt auch Lebewesen ein) zu.
Worauf ist zu achten?

1. Ein Tisch ist kein Stuhl.

Keine sehr erhellende Aussage! Warum? Eine Definition soll nicht bestimmen, was ein Begriff nicht ist, sondern was er ist.
Also: Enthält die Definition nur Verneinungen, ist sie unbrauchbar.

2. Ein Tisch ist ein Möbelstück.

Nicht falsch. Aber das sind Stuhl, Kommode, Schrank usw. auch. Ist die Definition zu allgemein gefaßt, taugt sie wenig zur eindeutigen Darstellung des Begriffs.

3. Ein Tisch eignet sich als Unterlage, um ein Kaffeeservice darauf zu stellen.

Akzeptiert. Doch wie ist es mit Eßgeschirr und Töpfen? Wie ist es mit der Ablage von anderen, beliebigen Gegenständen?
Ist die Definition zu eng gefaßt, kann sie den Begriff nicht ausreichend darstellen.

4. Ein runder Tisch ist ein Tisch, der rund ist.

Diese Aussage dreht sich nicht nur wegen des »rund« im Kreise. Die Definition enthält einen Zirkel: Sie bedient sich zur Definition dessen, was erst definiert werden soll. Das darf nicht sein.

5. Ein Altar ist so etwas wie ein Tisch aus Stein.

Kann man so sagen. Dennoch gehören bildhafte Vergleiche und Beispiele nicht in die Definition. Sätze, die beginnen mit »Das ist so wie...« führen zu keiner präzisen Begriffsbestimmung.

6. Ein runder Tisch ist ein politisches Gremium.

Würde hier »runder Tisch« in Anführungszeichen gesetzt sein, also erkennbar im übertragenen Sinn gebraucht werden, dann wäre die Definition zu verstehen.
Bei Definitionen müssen die Aussagen einem Sprachspiel angehören. In unserem Beispiel liegt der Fehler also darin, daß die alltägliche Grundsprache nicht kenntlich gemacht ist als politischer Jargon.

7. Tisch? – Es gibt runde Tische, eckige Tische, vierbeinige Tische, dreibeinige Tische, hohe Tische, niedrige Tische, Tische aus Holz, Tische aus Glas usw.

Dies ist keine Definition des Begriffes »Tisch«, weil hier nicht der Inhalt des Begriffes angegeben wird, sondern sein Umfang. Eine untaugliche Methode. Für die Brauchbarkeit der Definition von Gegenständen kommt es nur auf die Angabe der wesentlichen Merkmale an, weil Gegenstände unabsehbar viele Merkmale (z. B. Form, Größe, Material, Preis etc.) haben.

8. Der Kapitalismus ist durch Arbeitslosigkeit geprägt.

In Definitionen dürfen keine Wertungen und Urteile hineingeschmuggelt sein, was bei abstrakten Begriffen leicht möglich ist. Für die Definition von Gegenständen hier einige hilfreiche Ansätze:

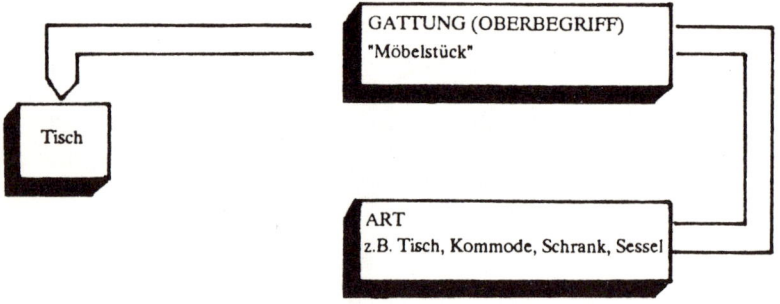

– Gehen Sie vom nächst höheren Oberbegriff aus:
Tisch ist ein Möbelstück...

– Gehen Sie vom Zweck (der Funktion) aus:
Tisch ist als Unterlage zu benutzen

– Gehen Sie vom weiteren Umfeld aus:
Zum Hausrat gehört ein Tisch

– Treffen Sie eine Unterscheidung:
Ein Schreibtisch unterscheidet sich von einem Pult...

Vor allem aber trennen Sie Wesentliches vom Unwesentlichen, und benutzten Sie für die Definition ausschließlich die wesentlichen Merkmale.
Für die *Definition abstrakter Begriffe* wie »Revolution« sind folgende Vorgehensweisen hilfreich:

- Gehen Sie aus von der Frage:
  Wenn und in welchem Zusammenhang taucht der Begriff erstmals auf?
  Die Französische Revolution von 1789 war der gewaltsame Umsturz...

- Versuchen Sie, vom Gegensatz auszugehen:
  Im Gegensatz zur friedlich verlaufenden Evolution bedeutet Revolution...

- Überlegen Sie sich zur Veranschaulichung des abstrakten Begriffs konkrete, faßliche Einzelheiten:
  Revolution – gewaltsam – plötzlich – Umwälzung

Sie merken: Auch bei der Definition von abstrakten Begriffen ist es hilfreich, beschreibend vorzugehen. Dabei versuchen wir dem Begriff das zuzuordnen, was durch Konvention festgelegt ist (Man ist übereingekommen, daß »Revolution« bedeutet...). Damit sind Definitionen ein sicheres Mittel, nicht aneinander vorbeizureden (zu argumentieren).

Vorschlag:
Es genügt bei der Definition abstrakter Begriffe (wie z.B. »Treue«), Konsens zwischen den Gesprächspartnern herzustellen, ohne alle Aspekte vollständig in Betracht gezogen zu haben: Haben wir jetzt ein gemeinsames Verständnis von diesem Begriff? Können wir uns auf das Ergebnis seiner Abgrenzung einigen?

Definitionsübungen

Wir alle nehmen Begriffe, die wir in unserem beruflichen Alltag ganz selbstverständlich gebrauchen, als bekannt und verständlich für jedermann an. Wir benutzen sie dann in unserer Argumentation, ohne zu bedenken, daß der benutzte Begriff möglicherweise erklärungsbedürftig ist.

Ist es unserem Gesprächspartner peinlich, sein Nichtverstehen einzugestehen, dann begleitet er möglicherweise unsere Ausführungen mit einem gebrummten »Hm – hm«, statt uns einfach direkt zu fragen, was es mit dem Begriff auf sich hat.

Fragt er uns doch, dann merken wir oft, wie schwer es ist, Begriffe aus unseren Arbeits-, Sach- und Interessengebieten dem Gesprächspartner so »rüberzubringen«, daß er wirklich versteht. Dies aber ist die entscheidende Voraussetzung für das klärende Gespräch, z. B. Verkaufsgespräch (»Was brauchen Sie eigentlich – Worauf kommt es Ihnen an?«)

Ziel der folgenden Übung ist: Fachsprachliches übersetzen in allgemein verständliches Deutsch.

Beispiel Beratungs-/Verkaufsgespräch:

Kunde: Da steht, die Bohrmaschine hat einen Rechts-Links-Lauf.

Verkäufer: Sie fragen nach dem Rechts-Links-Lauf. Dadurch können Sie die Maschine auch als Schraubenzieher benutzen.

Kunde: Ich kann die Bohrmaschine auch als Schraubenzieher benutzen? Wie soll denn das gehen?

Verkäufer: Wie das gehen soll? – Mit dem Schraubenzieher-Vorsatz.

Kunde: Mit dem Schraubenzieher-Vorsatz?

Verkäufer: Den stecken Sie statt eines Bohrers in die Maschine. Dann können Sie mit dem Rechts-Lauf Schrauben eindrehen und mit dem Links-Lauf Schrauben herausdrehen.

Machen Sie diese Übung nicht nur mit konkreten, sondern auch mit abstrakten Begriffen wie Freiheit, Demokratie, Sozialismus, Mut etc.

6. Argument und Argumentation

»... denn alle Beweise, die wir vorbringen, sind doch nur Variationen unserer Meinungen«. (Goethe)

Da dialektische Schlüsse von »geltenden Meinungen« ausgehen im Gegensatz zu einer wissenschaftlichen Beweisführung, die von »wahren und ersten Sätzen« ausgeht, ist das Goethe-Wort leider eine richtige Erkenntnis.
Die Idee, einen Dialog mit logischen Schlußfiguren führen zu können und dadurch zu überzeugen, können Sie sich aus dem Kopf schlagen. Argumentation ist in dem Rahmen, der uns angeht (häusliche Diskussion, geschäftliche Verhandlung, Mitarbeiterführung), nicht Beweisverfahren, sondern *Begründungsverfahren*.
Dieses Begründungsverfahren vollzieht sich im Dialog mit unseren Gesprächspartnern. Ihre guten Gründe sind für sich allein genommen nämlich noch keineswegs ein Argument. Sie tragen ja nicht – wie im mathematischen Beweis – als Voraussetzungen Axiome (Grundsätze, die nicht bewiesen zu werden brauchen) vor, die unabhängig von einer Zustimmung gelten.
Ihre Argumente aber bedürfen der Zustimmung Ihres Gesprächspartners. Erst seine Zustimmung läßt Ihre Gründe zum Argument werden.
Warum ist das so?
Was letztendlich »wahr« ist, ist für uns Fehlbare eine schwierige Frage. Wenn *Wahrheit* nun einmal schwer oder gar nicht erweisbar ist, dann sollten wir uns im täglichen Leben mit der *Wahrscheinlichkeit* begnügen. Vorausgesetzt, wir bemühen uns gleichzeitig um *Wahrhaftigkeit*; d. h., wir müssen von unserem Argument ehrlich überzeugt sein, wir müssen berechtigt sein, es nach dem Stand unserer Erkenntnis als wahr anzunehmen.
Ein Argument formuliert also zunächst nur die *eigene Überzeugung*: »Ich finde das richtig/falsch.«
Dies würde für die Argumentation natürlich wenig oder gar nichts

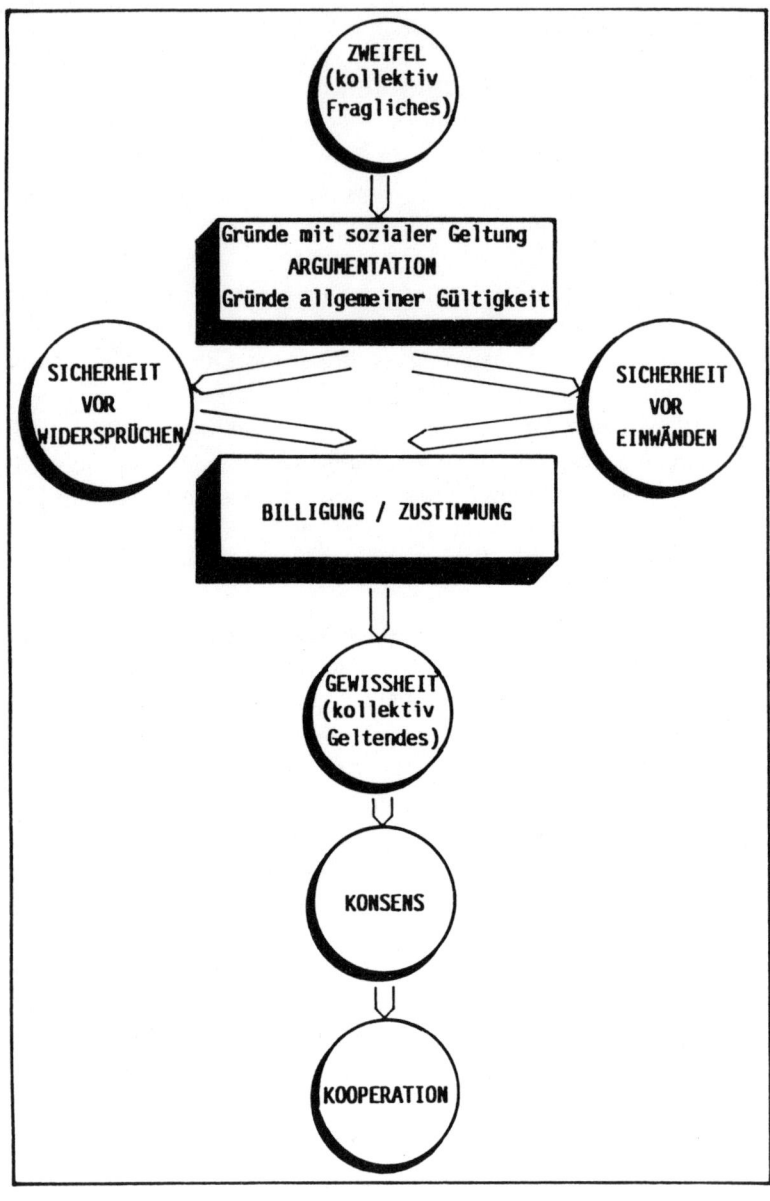

nützen, wenn diese Überzeugung nicht als etwas Geltendes geteilt würde.

Auf die Allgemeingültigkeit einer Erkenntnis und eines Satzes pochen zu wollen, geht von der Annahme aus, daß der Erkenntnisprozeß bei allen Menschen der gleiche und allein auf die Vernunft gestützt sei. Das aber ist ein großer Irrtum!

Die Sache ist zunächst fraglich (Zweifel). Wir beschränken uns hier auf *faktische* Fragen (z. B. »Muß die Umgehungsstraße gebaut werden?«) und lassen *normative* Fragen (z. B. »Ist Glenn Gould der Bach-Spezialist schlechthin?«) außer acht. Für die Entscheidung, was »richtig« oder »falsch« ist, bedarf es also der kooperativen Kommunikation. Erst die Zustimmung des Gesprächspartners gibt letztlich dem Argument die Basis.

Die Argumentation muß gestützt sein auf Gründe sozialer Geltung. Solche Gründe sind:
- zeitrelativ
- gruppenrelativ
- bezogen auf einen bestimmten Inhalt

Die Asylanten müssen auf andere Städte verteilt werden.
Warum?

Seit Juli 1990 ist die Situation für die Bürger der Stadt unerträglich.	zeitrelativ
Täglich bekommen wir die Auswüchse zu spüren, die daher rühren,	gruppenrelativ
daß das bestehende Lager mit 1.200 Asylanten überbelegt ist.	bestimmter Inhalt

Dies ist eine sozial begründete Argumentation, der die betroffenen Bürger wohl zustimmen werden als kollektiv Geltendem.

Nun stellen Sie sich vor, das fragliche Problem würde von Fundamentalisten der Grünen und von Republikanern aufgegriffen. Das sind zwei so unterschiedliche Gruppen (Parteien), daß ein Grund sozialer Geltung, den beide akzeptieren, schwerlich für diese Frage zu finden sein dürfte.

Nun verwundert Sie es auch nicht, daß die Argumentation und Schlußfolgerung zu einer Frage in unterschiedlichen Parteien so unterschiedlich ausfallen.

Wenn in einem Vorstellungsgespräch der Bewerber so intensiv nach seinem sozialen Hintergrund befragt wird, dann geschieht dies ja auch aus der Erkenntnis, daß für das Gelingen seiner Arbeit (seiner Problemlösungen) nicht nur sein Fachwissen relevant ist, sondern auch seine »Sicht der Dinge«. Wir wählen uns unsere Partner lieber aus einem Milieu, das für alle Fragen ähnliche Gründe sozialer Geltung in Anspruch nimmt, wie wir es tun. So sind wir eher sicher, daß wir »miteinander können« werden.

Können Gesprächspartner nicht auf ein Reservoir an kollektiv Geltendem zurückgreifen, ist der Argumentationsprozeß zum Scheitern verurteilt. Wenn keiner etwas gelten läßt und jeder alles bestreitet – nun gut, dann hat man bestenfalls einen begründeten Dissens. Und das ist im Hinblick auf zielgerichtete Kooperation ziemlich unbefriedigend.

Die Argumentation, die auf Kooperation zielt, wird schrittweise über ein Reservoir an kollektiv Geltendem herauszufiltern haben, worüber Konsens besteht:
Sprachlich wird also:
- immer zu fragen, nachzufragen, rückzufragen sein,
- ständig rückgemeldet, paraphrasiert werden müssen, um Sicherheit vor Einwänden und Widersprüchen zu gewinnen.

So wird Ablehnung oder aber Billigung und Zustimmung erfahren. Dann ist Argumentation das Verfahren, dem es gelingt, vom Zweifel (kollektiv Fraglichen) zur Gewißheit (kollektiv Geltenden) zu führen. Gewißheit ist hier nicht in einem absoluten Sinn zu verstehen, sondern im Sinne von Wirksamkeit und Nützlichkeit. Das bedeutet, daß auch die Gewißheit grundsätzlich kritisierbar bleiben und immer neu überdacht werden muß. Theorie läßt sich nicht verifizieren, sondern nur falsifizieren. Wer weiß, was alles noch als falsch zu erkennen sein wird, was heute noch gilt? »Die Erkenntnisse von heute können die Irrtümer von morgen sein.«
»Das haben wir immer schon so gemacht« ist aber kein Argument, das auf Gewißheit gründet, sondern auf Denkfaulheit.
Wenn Gewißheit (Wirksamkeit, Nützlichkeit) darüber besteht, daß eine Lösung »richtig« ist, wird man sich schwerlich verweigern können, sie mitzutragen (Konsens) und entsprechend mitzuhandeln (Kooperation).

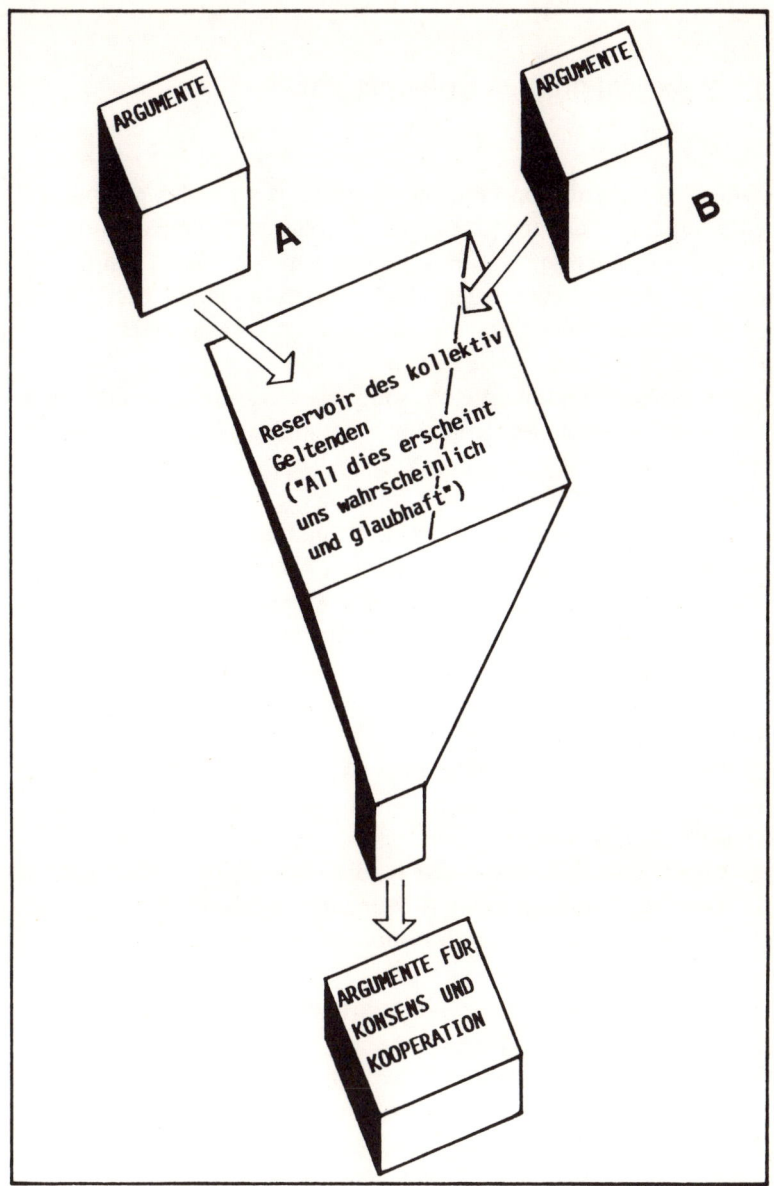

7. Zweckrationale Argumentation

Wenn Argumentation kein nur spielerisches Geplänkel sein soll zum bloßen Zeitvertreib, dann verfolgt sie allemal ganz bestimmte Interessen. Wenn es dabei nur um das Prestige der eigenen Person geht (»glänzen«, »übertrumpfen« etc.), dann ist auch dies Spielerei, die die fragliche Sache nicht voranbringt.
Vernünftiges Argumentieren muß zweckrational, pragmatisch sein! Die emotionalen Komponenten sind diesem Ziel zuzuordnen.
Wer in der Hierarchie höher steht, ist gefordert, dies für seine Argumentation nicht unfair auszunutzen. Sonst ist der Argumentationsprozeß nichts als Information und Anweisung.
Solche Scheindiskussionen, die den Konsens erschleichen oder erzwingen, werden von Gesprächspartnern (z.B. Mitarbeitern) schnell durchschaut. Ist aber ihr Zweifel an Notwendigkeit und Sinn einer Schlußfolgerung und Maßnahme nicht behoben, droht Demotivation.
Zweckrationale Argumentation setzt Gesprächspartner voraus, die an der Lösung eines Problems ernsthaft interessiert sind. Es muß ihnen gehen um:
- eine Analyse des Ist-Zustandes (Problem)
- eine Zielbestimmung (Lösung des Problems)
- Sicherheit vor Zweifeln und Widersprüchen in bezug auf Ziel und Lösungsweg
- einen haltbaren, weil vernünftigen Konsens
- kooperative Maßnahmen

Wer zweckrational argumentieren will, der muß auch sehr genau zuhören können. Seien Sie im Argumentationsprozeß immer auch ein *aktiver Zuhörer*.
Vergewissern Sie sich mittels der *Paraphrase* (mit eigenen Worten wiederholen, was der Gesprächspartner gesagt hat), daß Sie die Prämissen und stützenden Gründe auch wirklich richtig verstanden haben:

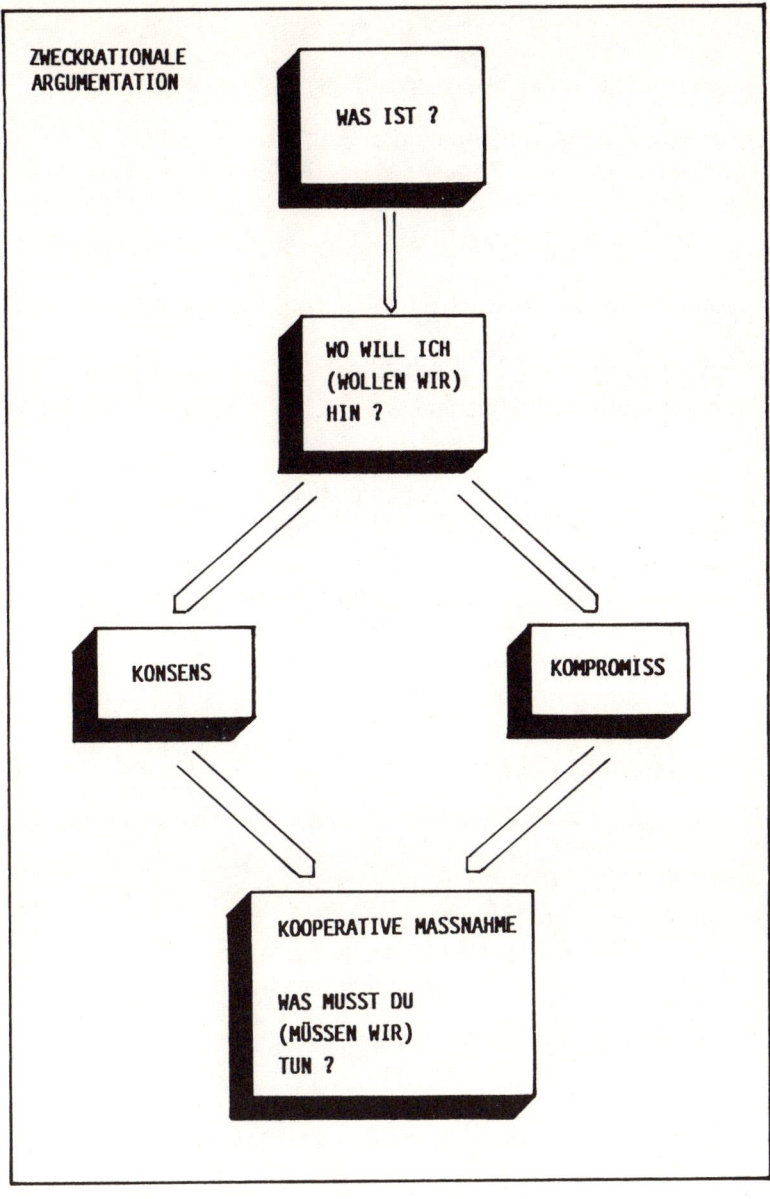

- »Sie meinen also, daß es darauf ankommt...«
- »Sie gehen also davon aus...«
- »Ich habe Sie richtig verstanden, daß...« usw.

Die zweckrationale Argumentation muß erreichen, daß
- Einigkeit über die Bewertung des Ist-Zustandes (Problems) besteht,
- die angestrebte Lösung (das Ziel) als die einzig angemessene anerkannt wird,
- andere Lösungen als weniger tauglich oder untauglich ausgesondert werden,
- das angestrebte Ziel erstrebenswert, weil nutzbringend ist,
- die notwendigen Maßnahmen zur Zielerreichung ergriffen werden.

Seien Sie sich der Interessengebundenheit zweckrationaler Argumentation bewußt (ganz besonders natürlich in den Bereichen Politik und Werbung)!
Führen Sie selbst Ihre zweckorientierte Argumentation
- sachkundig
- gutwillig
- unvoreingenommen
- zwanglos
- aufrichtig

Sind Sie mit einer Argumentation nicht einverstanden, so haben Sie zweckrational Kritik zu üben und aufzuzeigen, daß
- der Ist-Zustand sich anders darstellt als behauptet,
- es andere Ziele und Lösungswege gibt,
- das erklärte Ziel nicht den behaupteten Nutzen bringt,
- die vorgeschlagenen Maßnahmen untauglich sind.

8. Behauptung – Grund (Argument) – Beweis (Syllogismus)

Ein Grund ist ein Urteil oder Gedanke, aus dessen Gültigkeit sich notwendig die Gültigkeit eines anderen Gedankens (Behauptung, Folgerung) ergibt.

a? = fragliche Behauptung/Folgerung
b = stützende Begründung
a' = begründete Behauptung

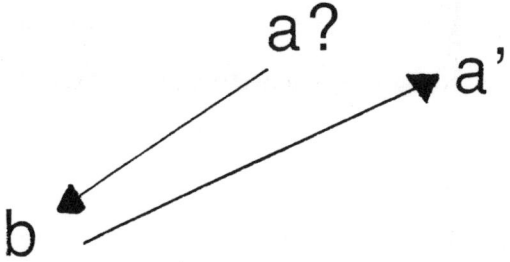

Wenn a also zunächst fraglich ist, wird es durch die stützende Begründung b zu einer Gewißheit.
Wir haben vorher schon bemerkt, daß die Entscheidung, ob b als eine richtige, gültige Begründung anerkannt wird, abhängt von der Antwort auf die Frage: »Hat der genannte Grund soziale Geltung, entspricht er dem kollektiv Geltenden?«

Die meisten Entscheidungen, die wir treffen, sind das Ergebnis einer *Deduktion*:

1. ich behaupte,
2. ich begründe (argumentiere),
3. daraus deduziere (folgere, schließe) ich.

Ein Beispiel aus der Werbung:
1. Sie fühlen sich einfach schöner nach der Pflege mit Nivea milk.
2. Weil diese Intensiv-Lotion nicht nur besonders wertvoll ist, sondern auch eine ganze Menge für Ihre Haut tut. Denn durch die reichhaltige Rezeptur pflegt Nivea milk die Haut intensiv mit Feuchtigkeit. Und weil diese Feuchtigkeit sehr lange in der Haut speichert, schützt sie sie auch nachhaltig vor dem Austrocknen.
3. Wenn Sie also sich und Ihre Haut so richtig verwöhnen wollen: Nivea milk.

Diese deduktive Beweisführung in drei Schritten ist das bekannteste logisch-rhetorische Argumentationsverfahren und heißt seit Aristoteles »*Syllogismus*« (griech. Zusammenrechnung).

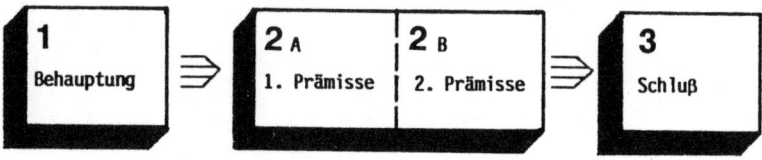

1 Sokrates ist sterblich.
2a Alle Menschen sind sterblich.
2b Sokrates ist ein Mensch.
3 Sokrates ist sterblich.

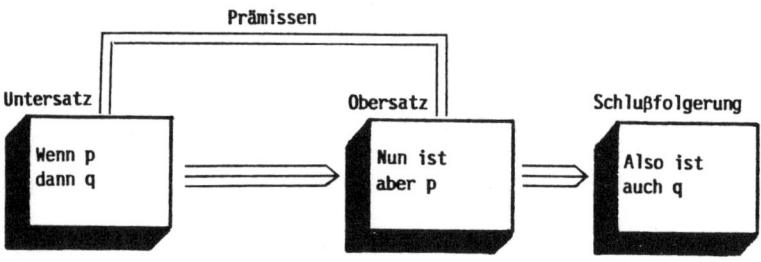

Untersuchen wir den Aufbau eines stimmigen Syllogismus:
Die beiden Prämissen (Obersatz und Untersatz) müssen zwei inhaltlich übereinstimmende Begriffe enthalten; dieser gemeinsame Begriff heißt *Mittelbegriff*:

1. Alle Menschen sind sterblich
2. Sokrates ist ein Mensch
   Dieser Mittelbegriff fällt bei der Schlußfolgerung weg:
3. Sokrates ist sterblich

Die Aussage, die den Mittelbegriff (M) enthält und den Prädikatsbegriff (P) der Schlußfolgerung, heißt »erste Prämisse« oder »Obersatz«:

      M   P
1. Alle Menschen   sind sterblich

Die Aussage, die den Mittelbegriff (M) und den Subjektsbegriff (S) enthält, heißt »zweite Prämisse« oder »Untersatz«:

      S   M
2. Sokrates ist ein Mensch

Daraus ergibt sich für den Syllogismus auch die logische Formel:

1. $M = P$
2. $S = M$
---
3. $S = P$

Worauf Sie weiter achten müssen:
Ein Argument ist dann tauglich, wenn die Aussagen (a/b/c...) gerechtfertigt sind (kollektiv geltend) und wenn sie logisch miteinander verknüpft sind:

ARGUMENT

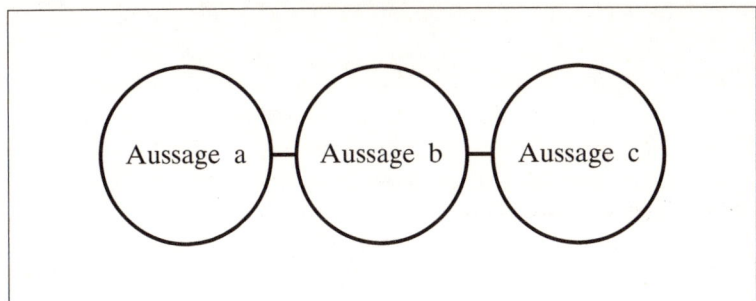

Aussagen, die keine ersten und wahren Sätze sind, sind nur Vermutungen. Sie müssen durch feststellbare Größen (Daten,

Fakten) gestützt werden. Die Gesprächspartner müssen sich auf Bedingungen einigen, unter denen sie die Vermutung als ausreichend gestützt sehen. Dann sind aus solchen Aussagen Schlüsse zu ziehen. Sie taugen als Prämissen.

Prämissen (lat. praemissum, das Vorausgeschickte) sind die guten Gründe, das kollektiv Geltende, das ich vorausschicke, um den Schluß ziehen zu können, der meiner Behauptung entspricht.

Den Prämissen kommt auch deswegen so hohe Bedeutung zu, weil sie das Ziel von Angriffen auf das Argumentationsgebäude sind. Wenn die Prämissen als Fundament und Stützen nicht taugen, bricht der nur formal-logisch errichtete Bau zusammen.

Also: Wenn Sie Argumente bestreiten, dann greifen Sie nicht die Schlußsätze an, sondern die vorausgeschickten Sätze.

Die formal-logische Verknüpfung nach dem Syllogismus-Modell erlaubt auch inhaltlichen Unsinn:

1. Wenn die Sonne über uns scheint, ist Nacht.
2. Nun scheint die Sonne über uns.
3. Also ist Nacht.

Ihr Hauptaugenmerk muß den Prämissen gelten.

Unser Problem ist doch, wenn wir beispielsweise politische Diskussionen verfolgen, daß wir die Daten und Fakten, die da eingebracht werden, oft nicht auf ihre Stimmigkeit überprüfen können bzw. sie erst gar nicht vollständig erfahren.

So erscheint uns manches nur deshalb logisch, weil wir die Irrtümer, Vorurteile, ja Lügen in den Prämissen nicht erkennen (sollen).

Umgangssprachlich werden Syllogismen oft verkürzt zum *Enthymem*. Entweder wird das Schema beschränkt auf
a) Behauptung und Begründungen oder
b) Begründungen und Schluß oder
c) Behauptung und Schluß

Dann ist gedanklich schnell zu ergänzen und zu analysieren.

1. Alle Rationalisierungsmaßnahmen führen zu Produktionssteigerungen.
2. ―――
3. Also müssen wir rationalisieren.

Unterstellt ist unausgesprochen die 2. Prämisse: »Produktionssteigerungen sind unser Ziel.«
Der Mittelbegriff »Produktionssteigerungen« ist im Schlußsatz entfallen. Der Syllogismus ist also zumindest logisch stimmig.
Vorsicht, wenn das Beweisverfahren so verkürzt wird, daß seine Schritte möglicherweise undurchschaubar und unkontrollierbar werden, sonst hat man Sie schnell aufs Glatteis geführt.

ÜBUNG

Trainieren Sie Ihre Fähigkeit zu logischen Verknüpfungen (Kohärenz der Aussagen)!
Setzen Sie sich zu zweit (A und B) zusammen und geben Sie sich Sätze (Satzteile) vor, die der andere ergänzen muß:

1.

A	B
1. Wenn a (z. B. »Wenn bei uns die Sonne scheint,	dann b dann ist es Tag«)
2. Wenn a (z. B. »Es ist Tag.	dann nicht b Also ist es nicht Nacht.«)
3. Wenn nicht a (z. B. »Es ist nicht Nacht.	dann b Also ist es Tag.«)
4. Wenn nicht a (z. B. »Wenn die Sonne bei uns nicht scheint,	dann auch nicht b dann ist nicht Tag.«)

Machen Sie diese Übung mit möglichst einfachen Sätzen. Kehren Sie dann das Verfahren um: Nennen Sie also zuerst die Folgerung. Der Partner muß dazu eine sinnvolle Voraussetzung finden.

2.

A	B
wenn a und b	dann c
wenn a und b	dann nicht c
wenn a nicht und b	dann c
wenn a nicht und b	dann nicht c
wenn a und b nicht	dann c
wenn a und nicht b	dann nicht c

3.

wenn a und b	dann c und d
wenn a und b	dann c und nicht d
	usw.

zu 2.
Wenn Müller wieder gesund ist und wenn Maier Sie vertritt, dann können Sie in Urlaub gehen.

zu 3.
Wenn der Dollarkurs weiter sinkt und die deutschen Aktien weiter steigen, dann empfiehlt sich der Kauf deutscher Werte, aber nicht der Kauf von Dollarnotierungen.

Auch für die Übungen 2 und 3 kann umgekehrt verfahren werden: Die Folgerungen werden genannt, sinnvolle Voraussetzungen sind dazu zu finden.

9. Wie läßt sich die Logik von Gründen analysieren?

Zweckrationale Argumentation hat als Ziel, Sätze mit Aufforderungscharakter zu rechtfertigen (»Wir sollten das tun, weil...«). Die Rechtfertigung erfolgt durch die Angabe von Gründen (Prämissen für die Schlußfolgerung). Diese Gründe können nach bestimmten grammatischen Regeln formuliert werden. Die Untersuchung der grammatischen Eigenarten einer Begründung erlaubt es uns, ihre Logik zu analysieren und entsprechend zu reagieren. Den Vortragenden des Arguments kürzen wir im folgenden ab mit A, seinen vorläufigen Gegenspieler mit G.

1. Der Grund kann als einfacher Elementarsatz [Subjekt-Prädikat (Prädikatsnormen)] formuliert werden. Im folgenden werden solche Elementarsätze mit a bzw. b gekennzeichnet.

»Die Konjunktur befindet sich im Aufschwung, (daher...)«

A ist (auf Verlangen) gefordert, eine solche Aussage mit Daten und Fakten, Statistiken, Analysen etc. zu stützen. Gelingt dies nicht, kann G nicht zustimmen und wird darauf zu achten haben, daß die Argumentation nicht weiter stillschweigend von der nicht ausreichend gestützten oder ungestützten Begründung ausgeht.

2. Der Grund setzt sich aus zwei Aussagen/Elementarsätzen zusammen, die miteinander verbunden sind. Dies geschieht mit den Konjunktoren ($\wedge$):
 – und
 – auch
 – außerdem
 – dazu
 – überdies
 – ferner
 – nicht nur, sondern auch
 – usw.

Logische Form der Begründung: a ∧ b

»Die Konjunktur befindet sich im Aufschwung, und wir haben eine blendende Auftragslage, (was uns erlaubt...)«

Hier sind beide Elementarsätze von A (auf Verlangen) zu begründen. Prämissen, Begründungen, die zwei selbständige Aussagen zusammenfassen, sind tückisch. Achten Sie darauf, daß nicht nur ein Teil der Aussage wirklich gestützt wird und der andere ungestützt, quasi im Huckepackverfahren, durch die weitere Argumentation gemogelt wird!

3. Ein Grund setzt sich aus zwei Aussagen zusammen, die mit einem nicht ausschließenden »oder« verbunden sind. Dieses »oder« wird bezeichnet als Adjunktor (V).

Logische Form der Begründung: a V b

»Wer die Betriebskosten nicht senkt oder die Personalkosten steigen läßt, (der riskiert...)«

Hier hat A die Verpflichtung, wenigstens einen Teil der Aussage zu begründen. Ist ein Teil begründet, taugt die Aussage zur weiteren Argumentation. G muß achtgeben, ob es sich auch wirklich um zwei sich ergänzende Aussagen handelt und nicht sich ausschließende.

4. Ein Grund setzt sich aus zwei Aussagen zusammen, die mit dem Disjunktor (>—<) »ausschließendes oder« (»entweder – oder«) verbunden sind.

Logische Form der Begründung: a >—< b

»Wir müssen den Umsatz steigern, oder wir müssen Personal entlassen, (damit...)«

Mit einer solchen Begründung ist A verpflichtet, entweder a gegen b oder b gegen a zu stützen. G muß darauf achten, daß es sich nicht nur um eine Scheinalternative handelt, was bedeuten würde, daß a und b untrennbar wären, und somit beide gestützt werden müßten.

5. Ein Grund setzt sich aus zwei Aussagen zusammen, die mit dem Subjunktor ($\rightarrow$) »wenn – dann« verbunden sind.

Logische Form der Begründung: a $\rightarrow$ b

»Wenn wir rationalisieren, dann steigt unser Gewinn.«

A macht die Aussage b hier abhängig von der Aussage a. Wenn G die gesamte Begründung nicht gelten lassen will, dann genügt es A, a zu behaupten; d. h., aus dem »wenn a« wird ein behauptetes a: »Aber das machen wir ja schon längst!« In diesem Fall muß es A im Interesse seiner Begründung gelingen, b als »richtig« zu stützen, dann ist a $\rightarrow$ b ebenfalls richtig.
In einem solchen Fall sich als Argumentierender nicht gleich irritieren lassen, sondern deutlich machen, daß man a als Bedingung und nicht als Behauptung meint.
Bei der Bedingung ist zu unterscheiden, ob es sich um eine notwendige oder hinreichende handelt.

6. Der Grund ist als Negation formuliert mittels eines Negators ($\neg$) Negatoren sind:
– kein
– keinesfalls
– keineswegs
– nichts
– nirgendwo
– nie
– niemand
– Zusammensetzungen mit »un-« und »wider-«
– usw.

Logische Form der Begründung: $\neg$ a

»Du bist kein rücksichtsvoller Partner, (deshalb...)«

Wenn A sich eines solchen Arguments bedient, ist er verpflichtet, a zu begründen. Achten Sie darauf, daß zwischen Behauptung und Begründung immer sauber getrennt wird, daß also nicht eine neuerliche Behauptung als Begründung ausgegeben wird.

7. Der Grund ist als generelle Aussage formuliert mittels eines Generalisators (Λ).
Generalisatoren sind:
- überall
- alle
- immer
- jeder
- usw.

Logische Form der Begründung: Λ a

»In allen Unternehmen wird jetzt so verfahren, (damit...)«

Vorsicht bei solch verallgemeinernden Begründungen. Hier sollten Sie als G von A unbedingt gesicherte Stützen fordern! Kann A dies nicht leisten, ist a zurückzuweisen.

8. Der Grund wird in Form einer partikularen Aussage gegeben.
Partikularisatoren (V) sind:
- einige
- einer von
- manchmal
- hie und da
- es gibt
- unter Umständen
- usw.

Logische Form der Begründung: V a

»Unter Umständen ist diese Maßnahme sehr wirksam, (so daß...)«

Diese Art von Begründung ist für G sehr unbefriedigend. Er wird fordern müssen, daß A die Aussage differenziert und ihre Geltung belegt.

10. Verstöße gegen die Logik

»Jeder Witz enthält eine intellektuelle Überraschung, ein logisches Problem, eine Pointe, die als ›Vorstellungskontrast‹, als der ›Sinn im Unsinn‹, als ›Verblüffung und Erleuchtung‹, gekennzeichnet wurde.« (S. Freud)

A
Die sogenannten *Wortwitze* machen deutlich, wie wichtig für die Argumentation die einvernehmliche Klärung eines Begriffs (seine Definition) ist.
Es ist leicht möglich, ein Wort bewußt falsch zu verwenden oder falsch zu verstehen.
Das ist besonders dann leicht möglich, wenn ein Wort, ein sogenanntes Homonym, mit einem anderen Wort gleich lautet, aber in der Bedeutung verschieden ist. Darauf basiert der folgende Witz:

Berel, Nichtschwimmer, gerät in eine Untiefe und schreit um Hilfe.
Schmerel:»Berel, was schreist du?«
Berel:»Ich habe keinen Grund!«
Schmerel:»Wenn du keinen Grund hast – was schreist du?«

B
Interessanter für unser Thema sind die sogenannten *Argumentationswitze*. Sie geben uns vergnügliche Beispiele für Verstöße gegen die Logik. Vor allem machen sie noch einmal deutlich, worauf bei Schlüssen (beim Syllogismus) zu achten ist.
Mit einem *Fangschluß* wird versucht, durch Verdrehung der Tatsachen eine Behauptung zu begründen. Wir sagen Fangschluß, wenn der *Fehlschluß* absichtlich gezogen wird. Ein solcher Fall steckt in dem folgenden Witz:

Ein Herr kommt in eine Konditorei und läßt sich ein Stück Torte geben, gibt es bald aber wieder zurück und verlangt statt dessen ein Gläschen Likör. Dieses trinkt er aus und will dann gehen, ohne zu bezahlen. Der Ladenbesitzer hält ihn zurück:

– Sie müssen den Likör bezahlen.
– Aber für den habe ich Ihnen doch die Torte gegeben.
– Die haben Sie ja auch nicht bezahlt.
– Die habe ich ja auch nicht gegessen.

Erinnern wir uns noch einmal an den Syllogismus, dem ja das mathematische Gesetz »sind zwei Größen einer dritten gleich, dann sind sie auch untereinander gleich« zugrunde liegt:

Die logische Formel lautet:
$$a = b$$
$$c = b$$
$$\overline{c = a}$$

Untersuchen wir daraufhin die beiden folgenden Witze:

– *Rabbi Koppel ist gestorben. Gehst du zu seinem Begräbnis?*
– *Warum soll ich? Wird er zu meinem Begräbnis kommen?*

Dieser Witz ist in Form eines Syllogismus gebaut. Aber irgend etwas stimmt nicht – und das gerade macht den Witz aus:

	Obersatz:
1. Wenn Rabbi Koppel gestorben ist, dann geht man zu seinem Begräbnis.	Wenn a dann b
	Untersatz:
2. Wenn ich gestorben bin, dann kommt Rabbi Koppel nicht zu meinem Begräbnis.	Wenn c dann d
	Schluß:
3. Also gehe ich nicht zu seinem Begräbnis.	Wenn a, dann nicht b.

Ein Jude sucht beim Rabbi Rat: Welches Geschäft wird mich garantiert immer ernähren?

– *Werde Bäcker, dann hast du immer Brot im Haus.*
– *Und wenn mir das Geld für das Mehl ausgeht?*
– *Dann bist du ja kein Bäcker mehr.*

Auch in diesem Syllogismus steckt der Wurm, der seinen Witz ausmacht:

	Obersatz:
1. Wenn Bäcker –	Wenn a
dann immer Brot im Haus	dann b
	Untersatz:
2. Wenn aber kein Geld für Mehl	Wenn c?
	Schluß:
3. Wenn kein Mehl,	Wenn c,
dann kein Bäcker.	dann nicht a

In beiden Fällen liegt der Fehler in den Prämissen: es wird so getan, als hätten sie Bezug zueinander; dem ist aber nicht so. Denn sie haben keinen übereinstimmenden Mittelbegriff. Damit ein Syllogismus nicht zum Fehlschluß führt, muß das Prädikat des Obersatzes einen Oberbegriff zum Subjekt enthalten und darf nicht auch Prädikat des Untersatzes sein:

1. Alle Chinesen sind Menschen.
2. Sokrates ist ein Mensch.
3. Sokrates ist ein Chinese.

Hier ist »Menschen« Oberbegriff zu »Chinesen«; das ist korrekt. Falsch ist, daß »Mensch« auch als Prädikatsnomen im Untersatz auftaucht.

1. Alle Griechen fürchten die Götter.
2. Sokrates ist ein Grieche.
3. Sokrates fürchtet die Götter.

Der Schluß braucht nicht zwingend falsch zu sein; er ist aber auch nicht zwingend richtig. Das Prädikat der 1. Prämisse (Obersatz) ist kein Oberbegriff zum Subjekt; sie ist also zumindest untauglich für ein syllogistisches Schließverfahren.

C
Trugschlüsse und ihre Ursachen

1. Gitarre und Mandoline sind Streichinstrumente.
2. Alle Streichinstrumente spielt man mit einem Bogen.
3. Gitarre und Mandoline spielt man mit Bogen.

1. Regel:
Der Schluß ist falsch, wenn der Obersatz einen falschen Sachverhalt behauptet.

Je unbekannter uns eine Materie ist, desto schwieriger ist es, die Stimmigkeit des Obersatzes zu überprüfen. Denken Sie dann nicht: Ich nehme einmal an, daß das schon so stimmen wird, sondern fragen Sie nach, lassen Sie sich den Obersatz erklären.

1. Alle Streichinstrumente haben einen Steg.
2. Gitarre und Mandoline sind Streichinstrumente.
3. Gitarre und Mandoline haben einen Steg.

Der richtige Schluß ist hier ein reiner Glückstreffer!
So kann man durch Zufall auch einmal einen richtigen Schluß aus einer falschen Prämisse ziehen.

1. Gitarre und Mandoline sind Zupfinstrumente.
2. Zupfinstrumente haben eine lange Tradition.
3. Gitarre und Mandoline haben einen schönen Klang.

2. Regel:
In einem Schluß darf nicht mehr ausgesagt werden, als in den Prämissen enthalten ist.

Achten Sie also darauf, daß die Aussagen von Obersatz und Untersatz nicht willkürlich überstrapaziert werden. Der Schlußsatz ist möglicherweise ja nicht falsch, aber er ist nicht logisch aus den Prämissen hergeleitet.

Gerade wenn Sie von einer Materie nicht viel verstehen, dann verlassen Sie sich nicht darauf, daß der Schlußsatz eigentlich ganz »logisch« (glaubhaft) klingt, sondern prüfen Sie seinen logischen Zusammenhang mit den Prämissen.

1. Was du nicht verloren hast, das hast du noch.
2. Hörner hast du nicht verloren.
3. Also hast du Hörner.

Dieses Beispiel hat Aristoteles angeführt, um den Unsinn der *Sophismen (Trugschlüsse)* zu entlarven.
Es klingt nur nach Syllogismus. In Wirklichkeit ist es aber kein reiner Dreiklang, sondern da schwingt noch ein Oberton, eine weitere Prämisse mit:
Alles was es auf der Welt nur gibt, das hast du.

Empfehlung:
Suchen Sie nach den fehlenden Prämissen, um den Trugschluß nachzuweisen.
1. Menschen haben zwei Beine.
2. Pinguine haben zwei Beine.
3. Pinguine sind Menschen.

Abgesehen davon, daß dies nur noch nach Syllogismus klingt, liegt der entscheidende Fehler in der *unzulässigen Alleinstellung*. Es wird so getan, als ob beide Begriffe ausschließlich durch ein Merkmal definiert seien und dieses Merkmal nur ihnen zukomme.

Empfehlung:
Lassen Sie sich Begriffe, die Ihnen nicht ausreichend vertraut sind, genau definieren, und fragen Sie, ob es sich wirklich um ein Alleinstellungsmerkmal handelt, das nur diesen Begriff auszeichnet.

Dieses Muster der unzulässigen Alleinstellung ist uns bekannt aus dem Kapitel »Psychologisch begründete Urteilstendenzen, die zu Fehl- und Trugschlüssen führen«.
Alle Vorurteile und Verunglimpfungen sind nach diesem Muster konstruiert:

1. Alle Kapitalisten beuten ihre Mitmenschen aus.
2. Er beutet seine Mitmenschen aus.
3. Er ist ein Kapitalist.

Aus dem oben genannten Kapitel ist uns auch schon das Umgekehrte bekannt, die *unzulässige Verallgemeinerung*:

1. Das ist das letztemal schiefgegangen.
2. Das ist auch davor schon schiefgegangen.
3. Es wird auch diesmal schiefgehen.

Das ist das Muster der sich selbst erfüllenden Prophezeiung; kein logisches, sondern ein psycho-logisches Muster.

Empfehlung:
Wenn zwischen einzelnen Beispielen kein sachlicher und zeitlicher Zusammenhang besteht, dann dürfen Sie keinen verallgemeinernden Schluß ziehen.

In dem oben genannten Kapitel sind uns Projektion und Übertragung begegnet: Man geht von einer Person aus und vergleicht sie fälschlich mit einer anderen. Das ist ein Verfahren, das auch Sachverhalte betreffen kann. Wir beobachten Analogien, d. h. Übereinstimmung in einigen Punkten, und behaupten dann völlige Gleichheit. Ein in der Praxis oft zu beobachtender Fehlschluß *(Analogieschluß)*:

1. *Alle x haben a, b, c.*
2. *z hat a, b, c.*
3. *z ist ein x.*

Empfehlung:
1. *Schließen Sie nicht von wenigen Einzelheiten auf das Ganze und*
2. *unterscheiden Sie zwischen nur Ähnlichem und Gleichem.*

»Umgekehrt wird man dann auch sagen können...« Vorsicht, hier kann sich ein *unzulässiger Umkehrschluß* ankündigen!

Alle Menschen sind sterblich.
Alles was sterblich ist, ist ein Mensch.

In der Mathematik kann ich die Glieder vertauschen:
$$a = b$$
$$b = a$$
Diese Erfahrung verführt dazu, dies auch sprachlich zu praktizieren und für korrekt zu halten.
Die Vertauschung der sprachlichen Glieder führt aber zur Vertauschung von Subjekt und Prädikat; dadurch entsteht eine völlig neue Aussage.

Empfehlung:
Bei einem Umkehrschluß überprüfen, welche Prämissen für diesen Schluß gelten und ob er durch solche überhaupt zu stützen ist.

Besonders kritisch zu begegnen ist auch dem *Autoritätsbeweis*, der auf die Autoritätsgläubigkeit baut.

1. »Das System, nach dem die Funktionäre an der kollektiven Produktionsarbeit teilnehmen, muß unbedingt beibehalten werden.«
2. »Die Funktionäre unserer Partei und unseres Staates sind gewöhnliche Arbeitsmenschen und keine Herren, die auf dem Rücken des Volkes reiten. Durch ihre Teilnahme an der kollektiven Produktionsarbeit unterhalten die Funktionäre maximal umfassende, kontinuierliche und enge Beziehungen zu den Werktätigen.«
3. »Im System des Sozialismus ist das eine große Sache von grundlegender Bedeutung. Sie trägt dazu bei, den Bürokratismus zu überwinden und den Revisionismus und Dogmatismus zu verhüten.«
(Worte des Vorsitzenden Mao Tse-Tung)

Übrigens: Die ganze »rote Mao-Bibel« hat diesen dialektischen Aufbau. Behauptung, Begründung, Schluß – alles purzelt hier durcheinander, wird wild aufeinander bezogen. Es ist eine Häufung autoritärer Behauptungen – und nichts ist bewiesen.

Wenn Sie selbst sich auf Autoritäten berufen, um etwas zu beweisen, dann schätzen Sie zunächst deren Ruf und Akzeptanz bei Ihrem Gesprächspartner oder Ihrer Zuhörerschaft ab.

Ich möchte diese nicht ganz einfachen Kapitel, die dem Satz »Zuerst collegium logicum« zu folgen suchten, zu Ihrem Trost ausklingen lassen mit der Bemerkung einer guten Freundin: »Die Unlogik macht den Charme des Lebens aus.«

»Die größte Deutlichkeit war immer die größte Schönheit«

11. Nutzenargumentation

Im Kapitel »Argumentation und Motivation« werden wir noch sehen, daß im Argumentationsprozeß fortlaufend auch die Frage mitschwingt: Was habe(n) ich (wir) davon? Wer zweckrational und überzeugend argumentieren möchte, der tut gut daran, die Perspektive einmal zu verändern, d. h., auch einmal vom Gesprächspartner her zu denken.
Argumentieren heißt ja auch immer: für die eigene Idee werben. Und dieses Werben gelingt um so besser, je deutlicher ich dem Gesprächspartner seinen eigenen Nutzen machen kann.
Der Argumentation vorausgehen muß also auch die partnerorientierte Überlegung: Was ist es, das meinen Gesprächspartner für diese Idee, für diese Sache am stärksten einnehmen kann?
Ein häufig gemachter Fehler besteht darin, daß die Wahl und der Vortrag der eigenen Argumente zuwenig *ad hominem* gerichtet sind; d. h. zu sehr nach den sachlichen Gesichtspunkten ausgewählt und zuwenig auf den Menschen gerichtet.

»Diese Bohrmaschine hat 800 Watt, ist elektronisch gesteuert, hat einen Rechts-Links-Lauf und etliches Zubehör.«

Eine solche Produktpräsentation konzentriert sich völlig auf die Sache und versäumt es, die genannten Daten und Fakten in Beziehung zu setzen zum Kunden. Eine ähnlich falsche Vorgehensweise ist genau im Mitarbeitergespräch oder in der familiären Diskussion denkbar. Es besteht doch die Gefahr, daß der Gesprächspartner sich fragt: Ich werde hier wahllos mit Details bombardiert – warum erzählt er mir das eigentlich alles?
Diese unüberlegte Reihung von Argumenten kann den Effekt haben, daß nicht Gewißheit, sondern Verwirrung erreicht wird.
Soll aber Konsens und Kooperation erreicht werden, dann müssen

die stützenden Argumente das Zweckrationale auch sprachlich erkennen lassen.
Wie erreichen wir das?

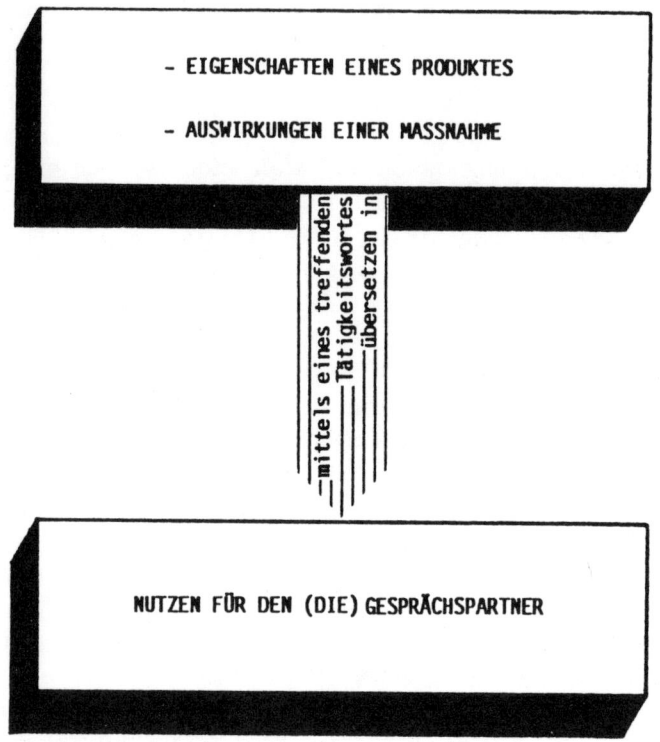

Unser obiges Beispiel könnte dann lauten:

»*Diese Bohrmaschine hat 800 Watt. Das bedeutet für Sie, daß die Leistungsstärke völlig ausreichend ist. Sie ist elektronisch gesteuert, d.h. sie ermöglicht Ihnen eine stufenlose Tempowahl. Durch den Rechts-Links-Lauf können Sie die Maschine auch als Schraubenzieher benutzen. Das Zubehör spart Ihnen zusätzliche Kosten.*«

Weitere Übersetzungsformeln:
– das verschafft Ihnen...
– das bringt Ihnen...
– dadurch haben Sie den Vorteil, daß...

- das gibt Ihnen...
- dadurch sparen Sie...
- damit erreichen Sie...
- das erhöht Ihren...
- das steigert Ihren...
- das sichert...
- das mindert...
- das verbessert...
- das garantiert...
- das erlaubt...
  usw.

Natürlich lassen sich je nach Situation auch andere Personalpronomen (Fürwörter) einsetzen, um den gemeinschaftlichen Nutzen herauszustellen: statt Sie/Ihnen/Ihr dann Du/Wir/uns/unser.

ÜBUNG NUTZENARGUMENTATION

Angebot/Vorschlag	Tätigkeitswort + persönliches Fürwort	ARGUMENT Nutzen für den Gesprächspartner
1. Urlaub im Gebirge	verhilft dir	zu körperlicher Fitneß
2. Schnellkochtopf	spart Ihnen	Zeit und Geld
3. Außendienst	bietet Ihnen	höhere Verdienstmöglichkeiten
4. Mithelfen im Haushalt		
5. Alarmanlage		
6. Abteilungswechsel		
7. Theaterbesuch		
8. Modellkleid		
9. Fortbildung		
10. Saunaeinbau		
11. Stereoanlage		
12. Gleitende Arbeitszeit		
13. Studienabschluß		
14. Lederpolsterung		
15. Auslandsaufenthalt		
16. Renovieren der Wohnung		
17. Mikrowellenherd		
18. Kollegialität		
19. Ferienjob		
20. Marmorfliesen		
21. Zuverlässigkeit		

12. Sprachpositivismus. Argumentationsökonomie

»Wenn ich die Meinung eines anderen anhören soll, so muß sie positiv ausgesprochen werden; Problematisches hab' ich in mir selbst genug.« (Goethe)

Ein großes Handelsunternehmen hat als Merksatz für seine Mitarbeiter formuliert:
»Der Kunde will sein Problem gelöst und nicht das unsere aufgehalst bekommen.«

Auch dies trägt – siehe Goethe – einer ganz allgemeinen Beobachtung Rechnung: Eine Argumentation, die nur das Negative herauskehrt, nervt. Es geht nicht darum, negative Aspekte unter den Teppich zu kehren. Aber Argumente, die gegen etwas sprechen, sind in aller Regel viel einfacher zu finden als Argumente, die für eine Sache sprechen. Das ist das Glück einer jeden Opposition; davon lebt sie.
Ich möchte im Argumentationsprozeß und durch ihn doch erfahren, wie ich aus meinen Zweifeln herauskomme, um Gewißheit für eine Entscheidung zu erlangen; ich wünsche mir zunächst positive Gründe. Im Grunde warte ich darauf, daß meine Einwände und Widersprüche ins Positive gewendet werden.
Diese Zweifler, die ihre Argumentation aufbauen auf dem, was man besser alles nicht tun sollte, welches Produkt man besser nicht kaufen sollte, mögen ehrliche Leute sein – sehr hilfreich sind sie nicht.
Bauen wir unsere Argumentation also nicht auf lauter vorweggenommenen Einwänden auf, die *gegen* eine Sache sprechen, sondern konzentrieren wir uns lieber auf das, was *für* die Sache spricht.
Die gefundenen positiven Gründe sind dann nach ihrer vermutlichen Überzeugungskraft zu werten:

sehr starkes Argument:

starkes Argument:

schwaches Argument:

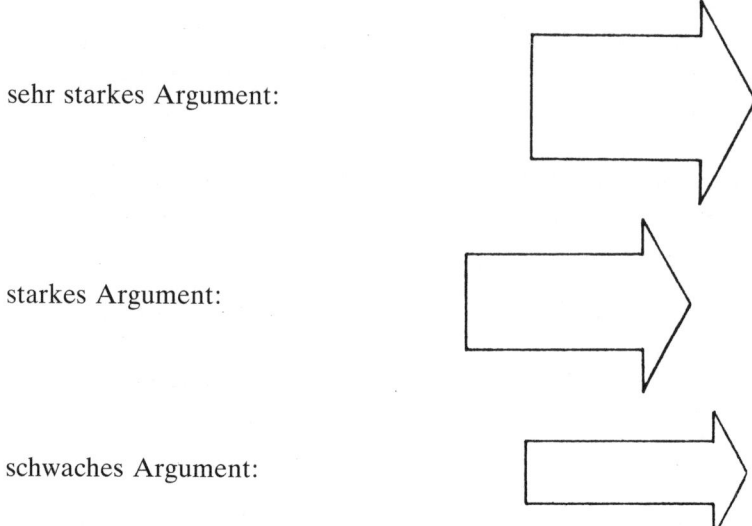

Wie Sie ihre Argumentation nun rhythmisieren, hängt ab von der Sache, Ihrem Gesprächspartner und der Menge und Qualität der Argumente, über die Sie verfügen. Was Sie auf keinen Fall tun werden: abschießen einer Argumenten-Salve, d. h. monologisch alles »verschießen«, womit Sie sich argumentativ munitioniert haben:

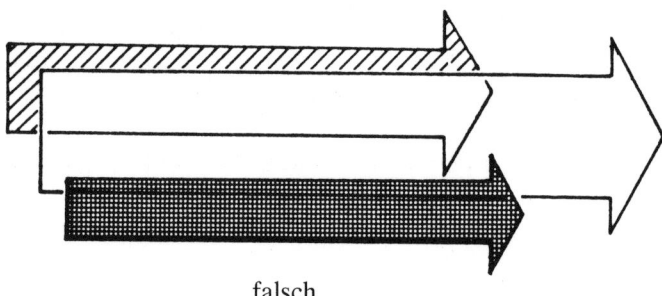

falsch

Da ist die Gefahr inhaltlicher Überlappungen, die Vermischung von schwerem und leichtem »Geschütz«. Und Ihr armer Gesprächspartner! Er bricht unter diesem Beschuß zusammen, kaum in der Lage, Ihnen Rückmeldung zu auch nur einem der Argumente zu geben. Vielleicht hat er das eine oder andere auch behalten. Waren das aber die wichtigen, die entscheidenden? Letztlich gehen diese Überredungskünstler in ihrer eigenen Redundanz (Überfluß) unter, oder sie sitzen – weil sie ihr Pulver ziellos verschossen haben – auf dem Trockenen.

Argumente ohne Rückmeldung sind nichts wert. Wenn nötig, dann erbitten Sie, ja fordern Sie Feedback! Laden Sie aber immer durch eine Sprechpause zur Stellungnahme ein.
- Wie stehen Sie dazu?
- Wie sehen Sie das?
- Was halten Sie davon?
- Entspricht das auch Ihrer Meinung? usw.

Das sind Einladungen, kollektiv Geltendes zu schaffen.

Ist die Argumentation nicht rhythmisiert, hat sie also keine gegliederte Bewegung, besteht die Gefahr, daß sie auch nicht viel bewegt.

Wie bewege ich nun?

Ich kann mit einem kräftigen Auftakt beginnen, um den Argumentationsprozeß gleich auf volle Fahrt zu bringen; danach kann ich mir ein, zwei schwächere Argumente leisten:

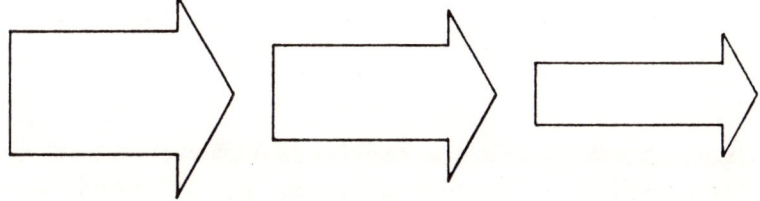

Es ist wie bei der Sprechweise: zu viel Betontes erschlägt sich gegenseitig; das starke Argument ragt in der Nachbarschaft von schwächeren noch deutlicher hervor:

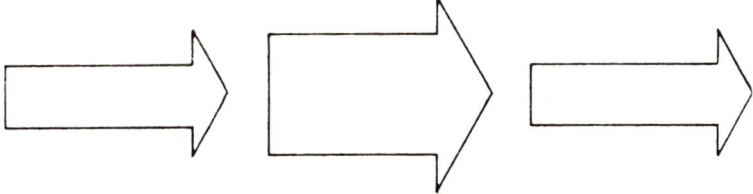

Ich kann den Argumentationsprozeß aber auch ganz bewußt pointieren, auf eine Spitze zulaufen lassen:

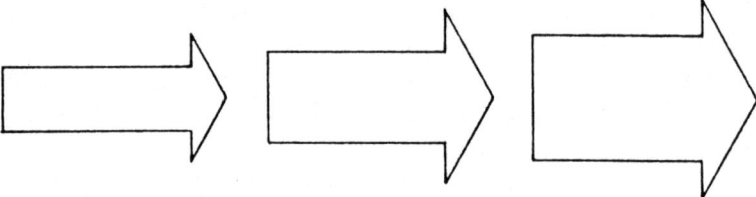

Argumentationsökonomie bedeutet auch, daß man nicht glaubt, ein Argument nach dem anderen anbieten zu müssen. Die positive Rückmeldung Ihres Gesprächspartners sollte Sie veranlassen, bei einem Argument so lange zu verweilen, bis es wirklich »ausgereizt« ist. Verlängern Sie also gegenseitig den positiven Pfeil:

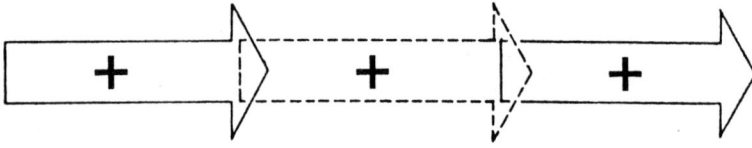

Da zeichnen sich Konsens und Kooperation schon ab. Sie sollten genau abwägen, ob Sie einen solchen positiven Prozeß mit dem Einbringen neuer Argumente womöglich unnötig gefährden.
Sie sollen nichts unterschlagen, aber auch einen sich abzeichnenden Abschluß nicht durch übertriebenen Perfektionismus unnötig hinauszögern.
Das nennt man: das Geschäft, die Verhandlung, die Sache zerreden.

13. Absicherung des Argumentationsprozesses

Was an manchen Argumentationsprozessen so nervt, das ist ihre Ähnlichkeit mit der Echternacher »Springprozession«: drei Schritte vor, zwei zurück. Oder es sind noch wildere Sprünge, wobei alle Logik und auch Chrono-Logik übersprungen wird.
Jedem Thema wohnt eine bestimmte logische Struktur für seine Darlegung inne. Eine Urlaubsplanung beginnt man sinnvollerweise nicht mit dem Studium des Flugplans einer Gesellschaft, sondern wohl eher mit der Frage: Wo wollen wir Urlaub machen? Haben Sie nicht auch schon eine Präsentation erlebt, die etwa so abgelaufen ist:

»Ich kann Ihnen Velour oder eine Schlingenware anbieten. Wie sind Sie denn eingerichtet? Mehr rustikal oder modern? – Wieviel Quadratmeter brauchen Sie überhaupt? – Die Schlingenware ist natürlich strapazierfähiger. – Suchen Sie den Teppichboden fürs Büro oder den Wohnbereich? – Der Velour hat den Vorteil, daß er antistatisch ist...«

Eine solche Präsentation, die Fragen und Argumente durcheinanderwirft und keinen Argumentationsfahrplan erkennen läßt, also nicht gegliedert und geordnet ist, muß beim Gesprächspartner Verwirrung stiften.
Die Verständlichkeit Ihrer Argumentation hängt entscheidend von ihrer Gliederung ab (siehe auch: »Argumentierende Kurzrede in fünf Sinnschritten«).
Dem Experten obliegt es immer, die Gesprächsführung zu übernehmen, um den Gesprächspartner sicher vom Zweifel (»Was soll ich denn jetzt tun, wie kann ich das machen, was hilft mir dabei?«) zur Gewißheit zu führen.
Als Experte kennen Sie Ihre Materie. So können Sie einen sinnvollen Argumentationsprozeß vorplanen. Ob dieser Plan im Gespräch dann auch genau durchzuhalten ist, ist keineswegs sicher, denn

durch die Interaktion mag die Argumentation immer wieder einmal auf Nebengeleise geraten, von Ihrem Gesprächsplan abweichen.
Sie werden durch solche Abweichungen aber nicht Gefahr laufen, Ihr Ziel zu verfehlen, weil Sie immer wieder schnell auf die Hauptstrecke zurückfinden und auch sofort wieder den Anschluß haben. Die Gefahr, im Argumentationsprozeß etwas auszulassen oder zu vergessen, ist mit dem Argumentationsfahrplan äußerst gering. Ihr Gesprächspartner wird es Ihnen lohnen: Er wird Ihre Kompetenz anerkennen und sich Ihnen anvertrauen, weil er spürt: Hier kann ich sicher sein, daß mein Problem systematisch einer Lösung zugeführt wird. Dies kann natürlich nur dann gelingen, wenn der Argumentationsprozeß als Dialog abläuft.
Sie können Lösungen nur dann nennen und stützen, wenn Sie wissen, was das eigentliche Bedürfnis Ihres Gesprächspartners ist.
Der Präsentation Ihres Lösungsvorschlages vorausgehen muß also immer die Bedürfnisermittlung.
Beginnt man gleich mit der Präsentation und Argumentation (und das wird oft gemacht!), dann gleicht dies einem Schuß mit der Schrotflinte; man hofft, ein Körnchen wird schon treffen.
Es hat etwas Beliebiges, und diese Beliebigkeit birgt zumindest drei Probleme.

Präsentation und Argumentation
- interessieren den Gesprächspartner womöglich nicht, er fühlt sich nicht angesprochen,
- können zur Verwirrung des Gesprächspartners führen,
- kosten unnötig Zeit.

Dem eigentlichen Argumentationsprozeß vorgelagert ist also die Erkundung: Welche Frage interessiert dich überhaupt? Worüber müssen wir sprechen? Was ist dein Zweifel? Worüber möchtest du Gewißheit?
Es geht um die Erkundung des eigentlichen Bedürfnisses des Gesprächspartners. Dieser Prozeß ist ein Filterverfahren:

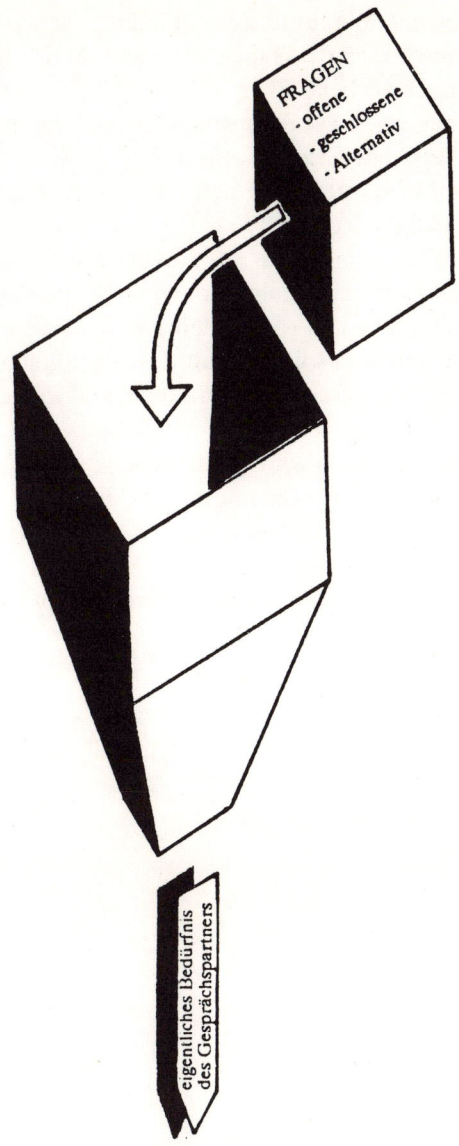

Es ist wie beim Arzt. Bevor dieser Ihnen ein Medikament (Rezept) präsentiert und Ihnen die Argumente nennt, die für seine Anwendung in Ihrem Fall sprechen, stellt er die Diagnose unter anderem aufgrund Ihrer Antworten auf seine

- offenen Fragen (»Wo tut es weh? Wie lange schon?«)
- geschlossenen Fragen (»Haben Sie das schon einmal gehabt? Sind Sie erblich vorbelastet?«)
- Alternativfragen (»Ist es ein stechender oder dumpfer Schmerz? Ist er anhaltend oder wiederkehrend?«)

Mit diesen drei Fragearten läßt sich ein Thema, ein Problem, ein Bedürfnis schnell einkreisen.

Und erst wenn Sie gemeinsam mit einem Gesprächspartner über den Gesprächsgegenstand einig sind, wenn Sie genau thematisiert haben, was Sie behandeln (abhandeln) wollen, wenn abgesichert ist, was ist und was sein soll, beginnt der Argumentationsprozeß. Das klingt banal, weil so selbstverständlich, und wird doch oft nicht beachtet!

»Sag mal, über was reden wir eigentlich?«

»Sagen Sie, wozu erzählen Sie mir das überhaupt?«

Das sind Signale dafür, daß weder Gesprächspartner noch Situation, noch Anlaß bedacht sind.

Bringen wir jetzt in das Beratungsgespräch »Teppichboden« Gliederung und Ordnung hinein:

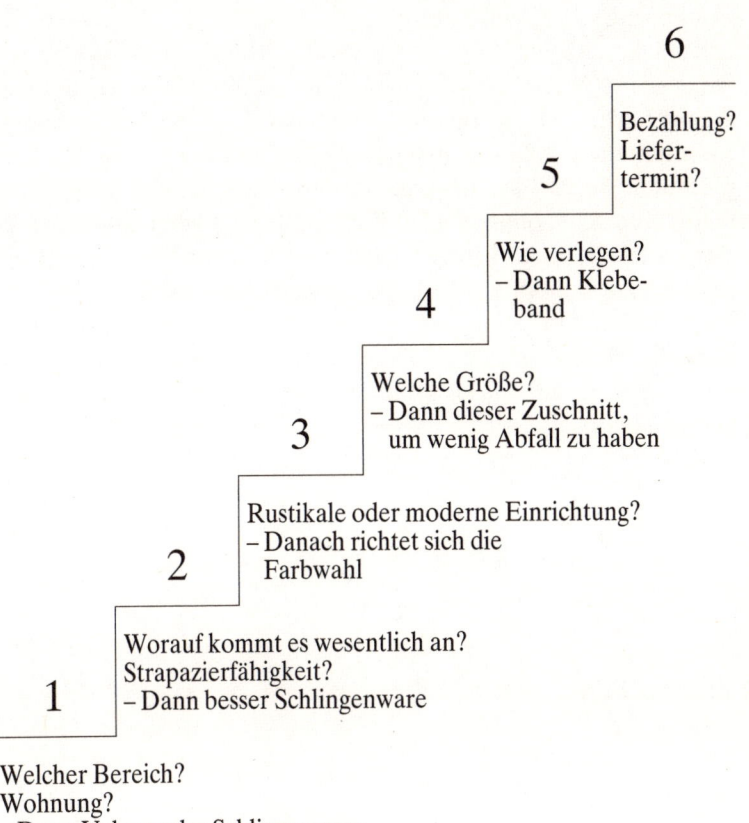

Die Strukturierung des Argumentationsprozesses (ob es nun um ein privates Thema, ein Verkaufs- oder Mitarbeitergespräch geht) führt zur Klärung Stufe für Stufe.

Es ist wichtig, sich auf jeder Stufe (in allen Einzelheiten) um Konsens zu bemühen:

»Dann sind wir uns also einig...«

Ein solches Absichern jeder Phase des Argumentationsprozesses hat auch den Vorteil, daß im Falle eines späteren Dissens nur bis zu der Stufe zurückgekehrt werden muß, wo noch Konsens bestand:

»Wir hatten doch Übereinstimmung in dem Punkt...«

Gestalten Sie also den Argumentationsprozeß nie als eigenwilligen »Durchmarsch«, ohne sich die Wirkung Ihrer Argumente rückmelden zu lassen, ohne sie durch das Einverständnis Ihres Gesprächspartners zur kollektiven Gewißheit werden zu lassen.

Denn haben Sie damit Erfolg, dann sind Sie ein Überredungskünstler. Deren Erfolge sind aber nach aller Erfahrung einmalig – in dem Sinne, daß der Gesprächspartner sich so etwas nur einmal gefallen läßt.

14. Argumentierende Kurzrede in fünf Sinnschritten

Der Erfolg Ihrer Argumentation steht und fällt mit der Gliederung und Ordnung Ihrer Gedanken. Eine klare, leicht nachvollziehbare Strukturierung ist für Sender (Sprecher) und Empfänger (Hörer) gleichermaßen hilfreich.
Sie als Sprecher üben, indem Sie Ihre Argumentation in fünf Schritte gliedern, heilsame Selbstdisziplin:
- Sie wissen genau, worauf Sie hinauswollen, was Sie erreichen wollen, wozu Sie wen bewegen wollen. Das formulieren Sie mit dem 5. Schritt, von dem her der Gesamtaufbau vorgedacht wird.
- Sie trennen Wesentliches von Unwesentlichem. Das Wesentliche wird so kurz wie möglich und ausführlich wie nötig zur Begründung Ihrer Schlußfolgerung vorgetragen. Dies geschieht mit den Schritten 2 bis 4. Ihr Argumentationsplan in fünf Schritten ist logisch aufgebaut.
- Sie reden nicht ohne Hörerbezug drauflos, sondern konzentrieren sich mit dem Einstieg, dem 1. Schritt, voll auf Ihr Gegenüber und dessen Meinung. Sie nehmen den Sie-Standpunkt ein und halten sich frei von Egozentrik.
- Damit die Schritte als solche erkennbar bleiben, verbietet sich eine ausfernde, weitschweifige Darstellung; Sie sind gehalten zu Kürze und Prägnanz. Ihr Sprachstil wird dadurch einfach und verständlich sein.
- Sie spannen vom 1. bis zum 5. Schritt einen Bogen. So werden Sie spannend sprechen müssen.

Der Hörer, der eine solchermaßen formulierte und artikulierte Botschaft erhält, wird den Spannungsbogen »Fünfschritt« erkennen und engagiert mitvollziehen.
Er weiß Schritt für Schritt, woran er ist. So ist er kein verwirrter Zuhörer, der am Ende nicht weiß, was eigentlich von ihm erwartet wird, sondern ein überzeugter Zuhörer, der in Ihrem Sinne handeln wird.
Fünf Schritte – das mag zunächst nach einem stereotypen Muster klingen. Das ist es keineswegs. Ich werde Sie zunächst mit dem

Grundmuster vertraut machen, das eine über zweitausendjährige Geschichte hat. Es ist die antike Gerichtsrede, deren Schema, wie Sie sehen werden, von uns – nur leicht abgewandelt – übernommen werden kann.
Diesem Grundmuster folgen dann sechs Varianten (in enger Anlehnung an die von H. Geißner entwickelten Modelle). Sie enthalten als Konstante immer den 5. Schritt mit dem Zwecksatz. Die Unterschiede bestehen im Einstieg, der ja von der jeweiligen Situation ausgehen soll, und im Durchführungsteil (Schritte 2 bis 4).
Damit haben Sie aber dann eine Mustersammlung für alle Gelegenheiten!

Das Aufbauschema der antiken Gerichtsrede als Muster für eine argumentierende Kurzrede in fünf Schritten

Ziel der antiken Gerichtsrede	Schema	Unsere Ziele
Aufmerksamkeit und Wohlwollen der Richter erringen	Einleitung (exordium) ①	Aufmerksamkeit und Wohlwollen des Partners, des Mitarbeiters, des Kunden, der Zuhörer erringen
Den strittigen Fall darlegen	Erzählung (narratio) ②	Den Ist-Zustand, das gegenwärtige Problem darlegen
Beweise für die Sache der eigenen Partei erbringen	Beweise (confirmatio) ③	Für die eigene Sache werben, sie mit Gründen stützen
Darstellung der Gegenpartei entkräften	Widerlegung der Einwände (refutatio) ④	Einwände gegen das Lösungsangebot entkräften
Ein positives Urteil erlangen	Schluß (conclusio) ⑤	Zum Handeln in der gewünschten Weise (Richtung) bewegen

1 Ihr grundsätzliches Interesse an einer Zusammenarbeit mit einem Versicherungsmakler – ich hoffe mit uns – zeigt mir, daß Sie eine analysierende Durchsicht und optimale Neuordnung Ihrer Verträge für dringlich halten.

2 Wie sieht Ihr Versicherungsschutz heute aus? – Sie erzählten mir, daß die Schadensabwicklung völlig unbefriedigend für Sie war.

3 Wir können Ihnen helfen, daß in Zukunft ein eventueller Schadensfall für Sie optimal abgewickelt wird. Wir haben für die einzelnen Sachgebiete – unter anderem für die Feuerversicherung – erfahrene Spezialisten für Sie zur Verfügung.
Wir sind Experten, die das Bedingungswerk (das Kleingedruckte) zu Ihrem Nutzen ausschöpfen. Wir sorgen für den richtigen Einsatz von Gutachtern. Wir haben dem Versicherer gegenüber ein anderes Gewicht als Sie als einzelner Versicherungsnehmer.

4 Sie könnten einwenden, die Abwicklung eines Schadensfalls über uns koste Sie zusätzliches Geld.
Dem ist keineswegs so. Die Courtage, die wir vom Versicherer erhalten, ist in der Prämie, die Sie an die Versicherung bezahlen, sowieso als Verwaltungskostenanteil enthalten.

5 Daraus folgt, daß unsere Zusammenarbeit für Sie nur von Nutzen ist: Wir helfen Ihnen Geld zu sparen, indem wir Ihnen Verwaltungsarbeit (Schriftverkehr, Telefonate etc.) abnehmen und die optimale Regulierung Ihrer Ansprüche gewährleisten.
Testen Sie uns, geben Sie uns Vollmacht!

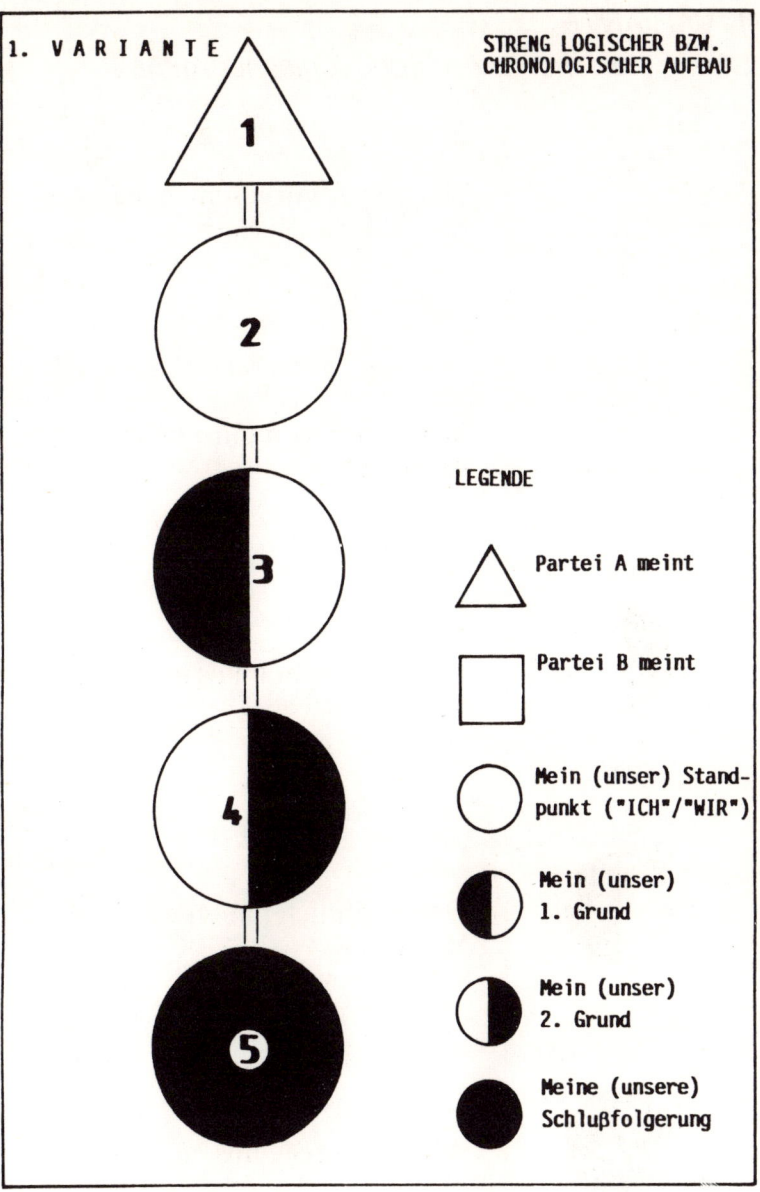

1. VARIANTE
Streng logischer bzw. chrono-logischer Aufbau

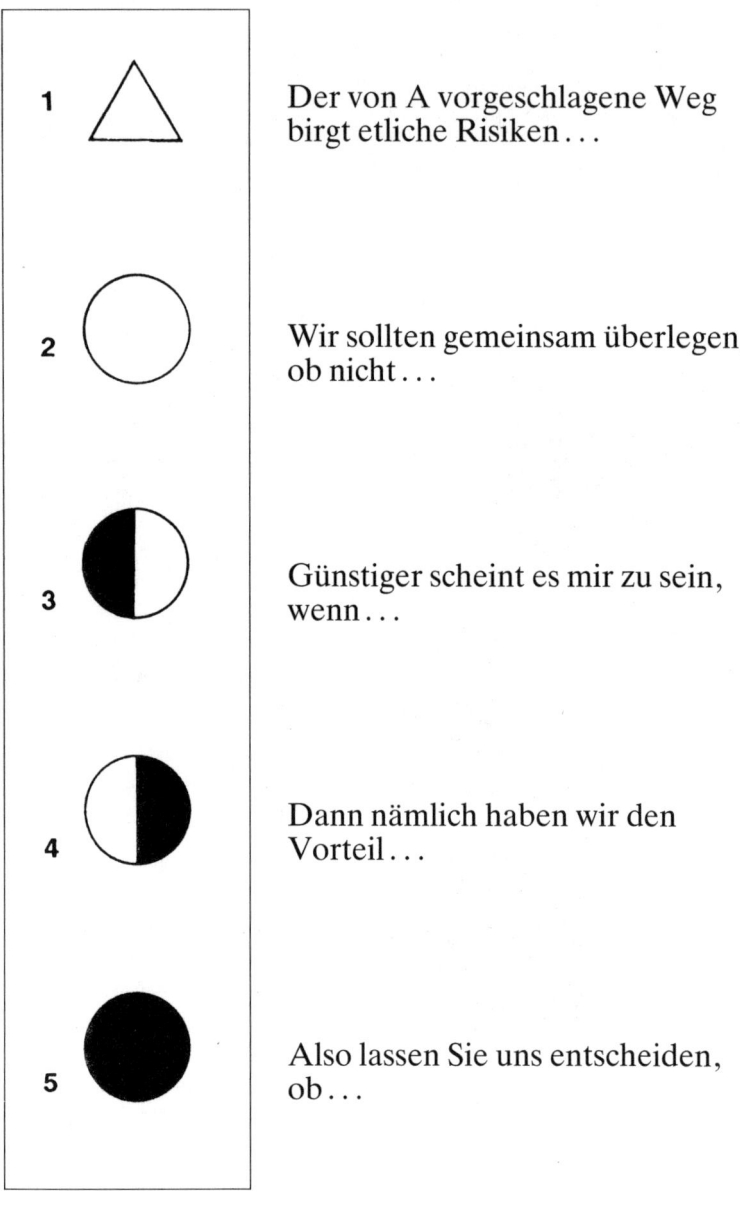

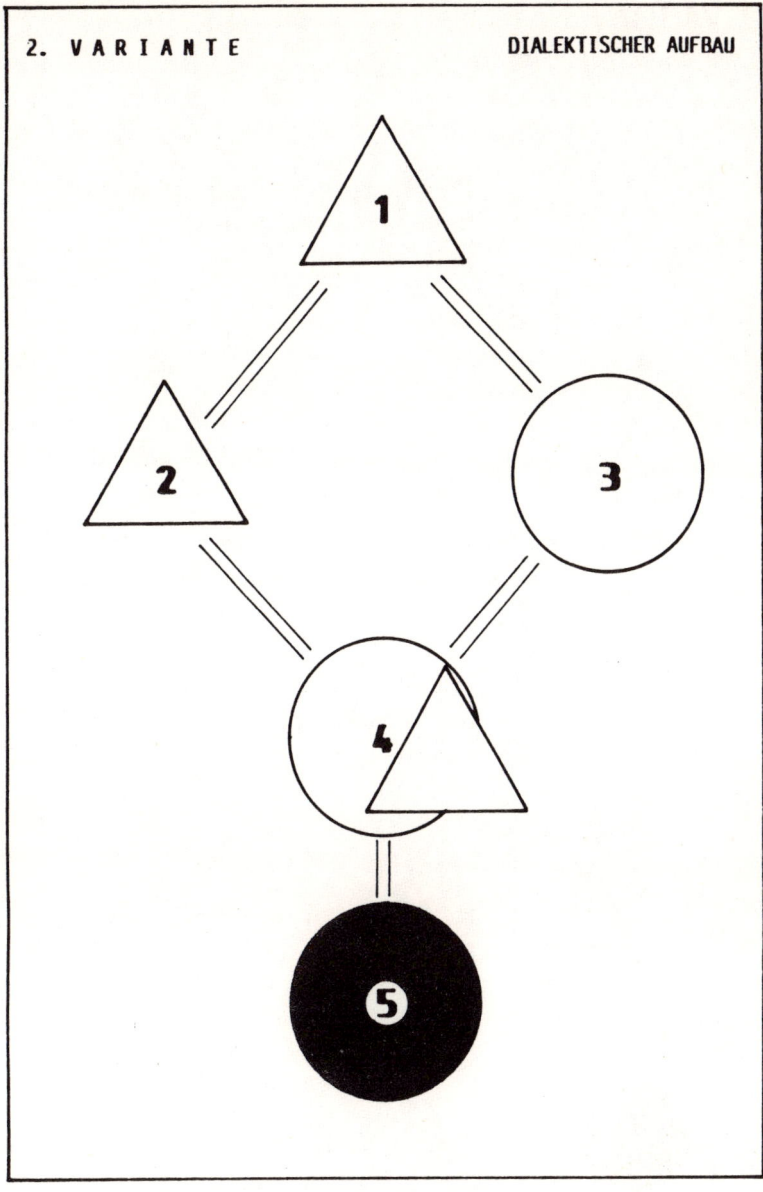

2. VARIANTE
Dialektischer Aufbau

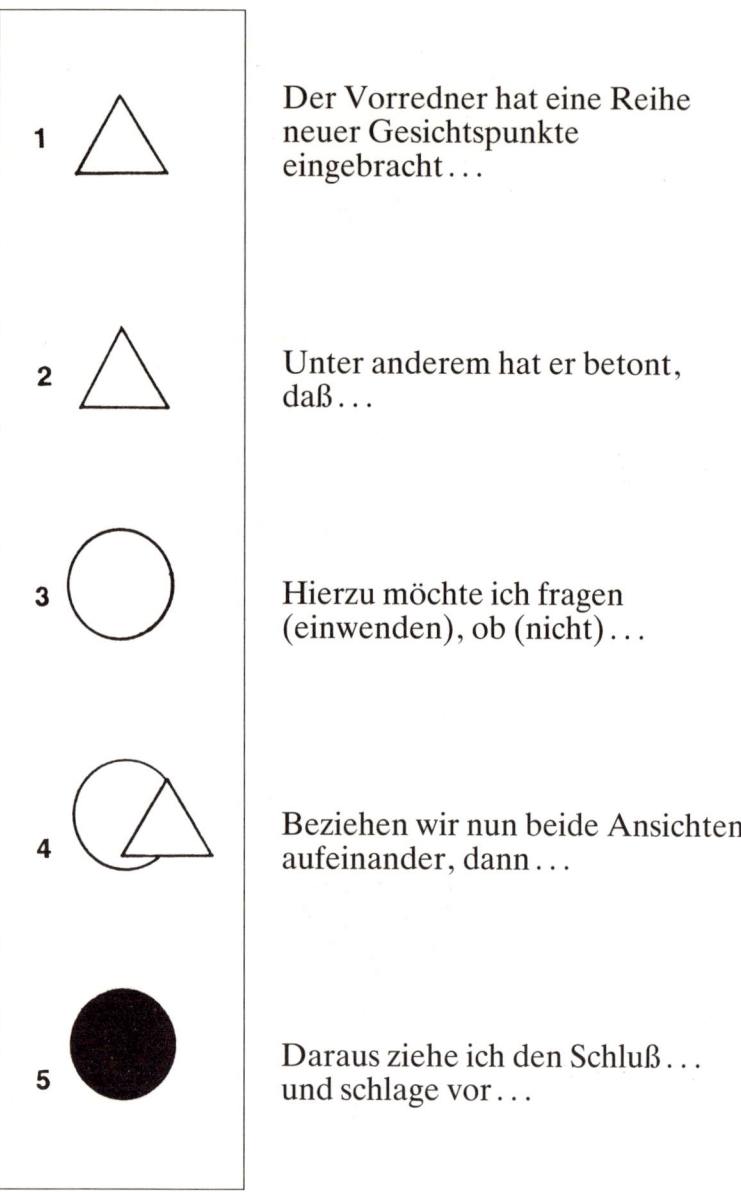

1 — Der Vorredner hat eine Reihe neuer Gesichtspunkte eingebracht...

2 — Unter anderem hat er betont, daß...

3 — Hierzu möchte ich fragen (einwenden), ob (nicht)...

4 — Beziehen wir nun beide Ansichten aufeinander, dann...

5 — Daraus ziehe ich den Schluß... und schlage vor...

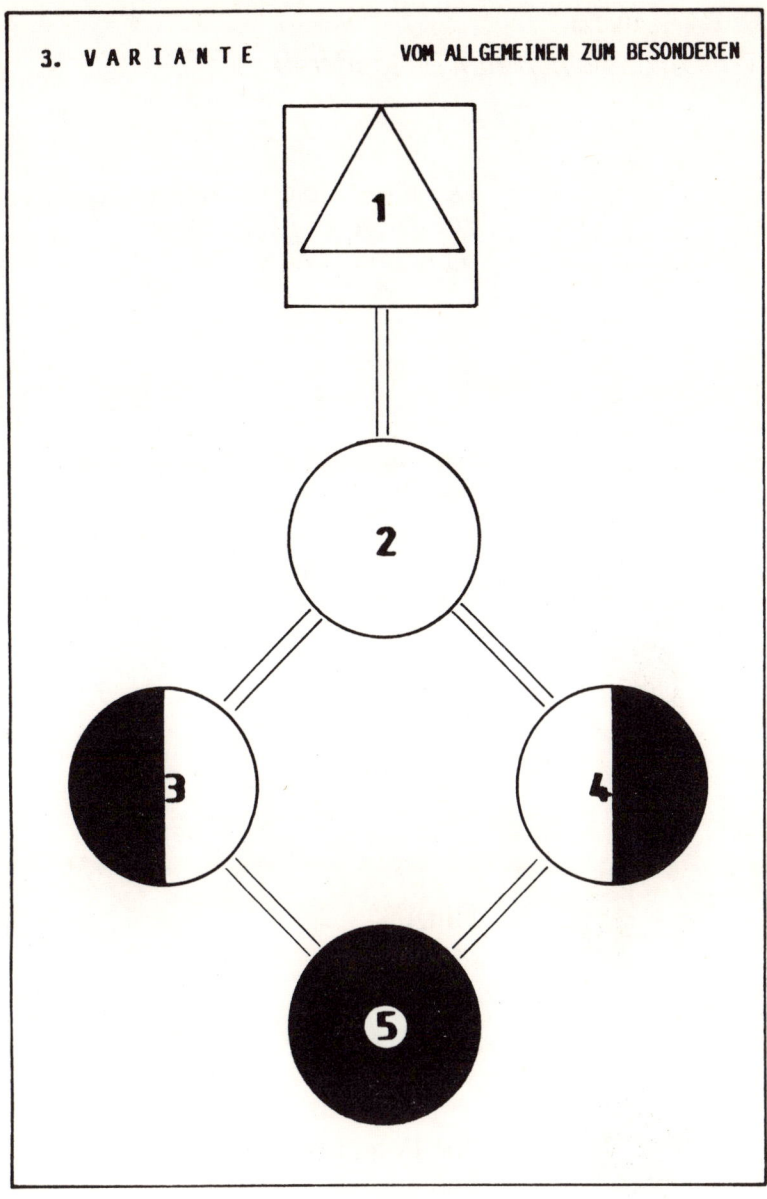

3. VARIANTE
Vom Allgemeinen zum Besonderen

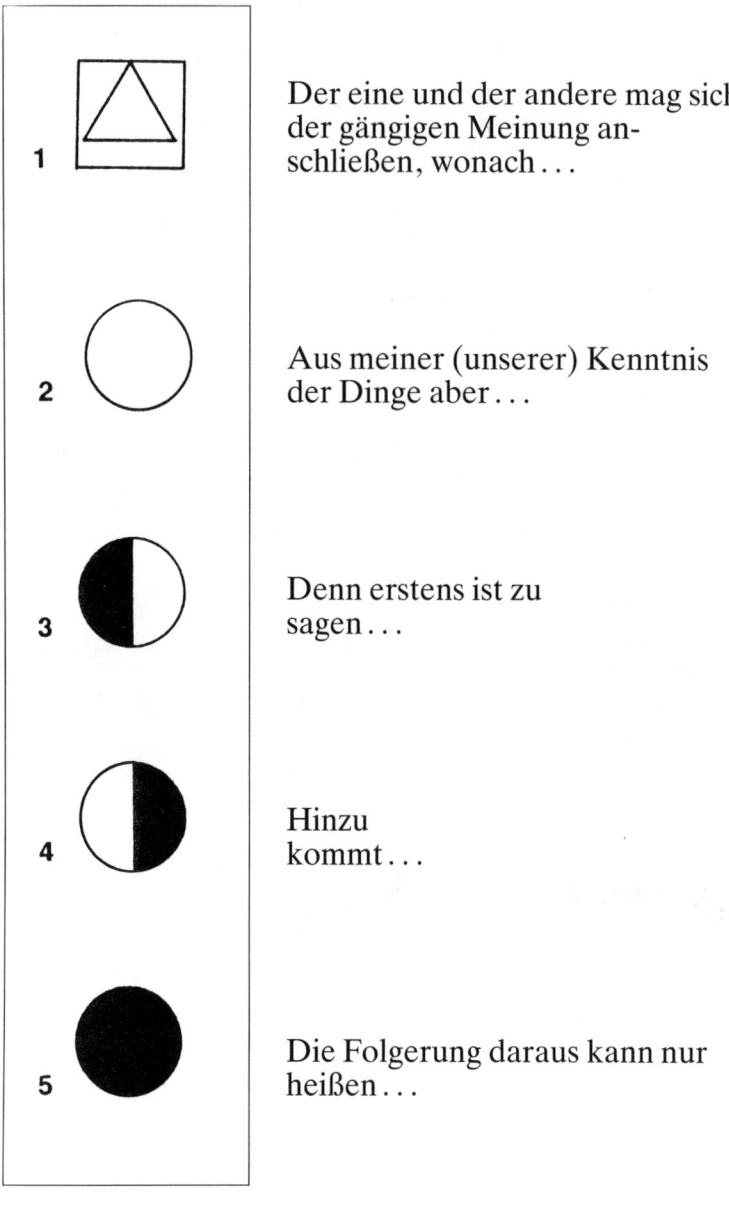

1 Der eine und der andere mag sich der gängigen Meinung anschließen, wonach...

2 Aus meiner (unserer) Kenntnis der Dinge aber...

3 Denn erstens ist zu sagen...

4 Hinzu kommt...

5 Die Folgerung daraus kann nur heißen...

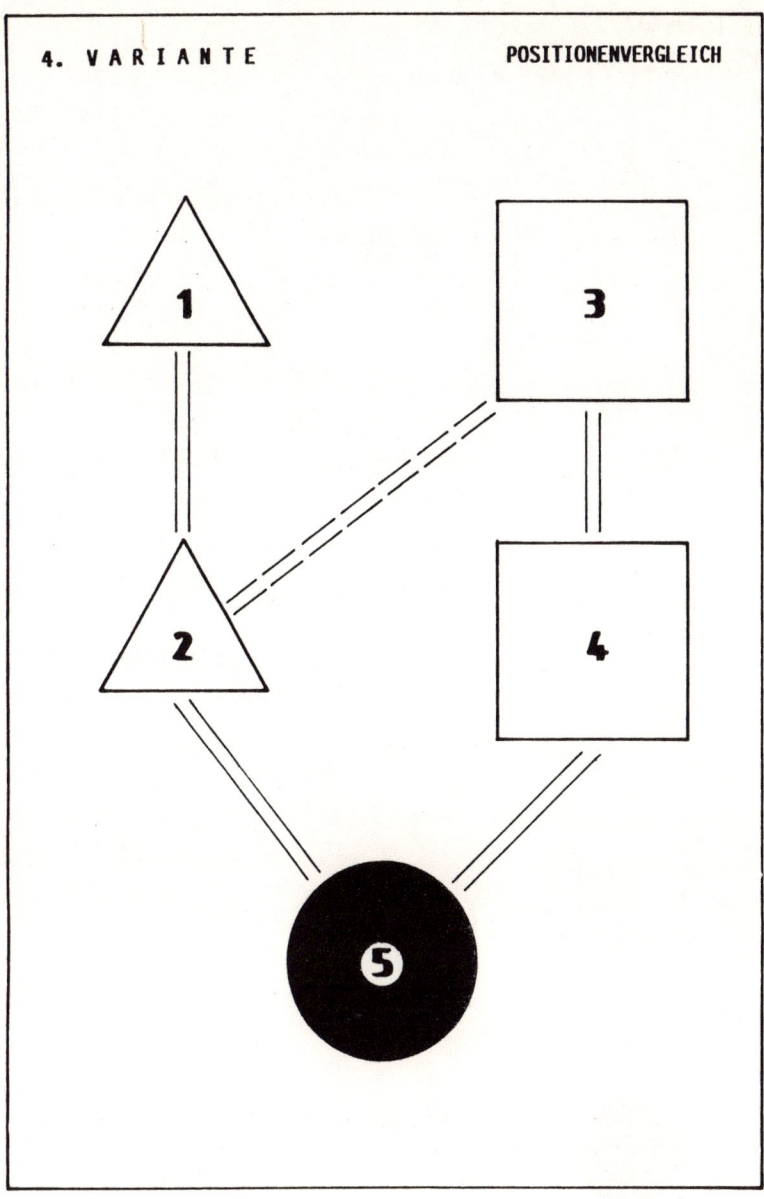

4. VARIANTE
Positionenvergleich

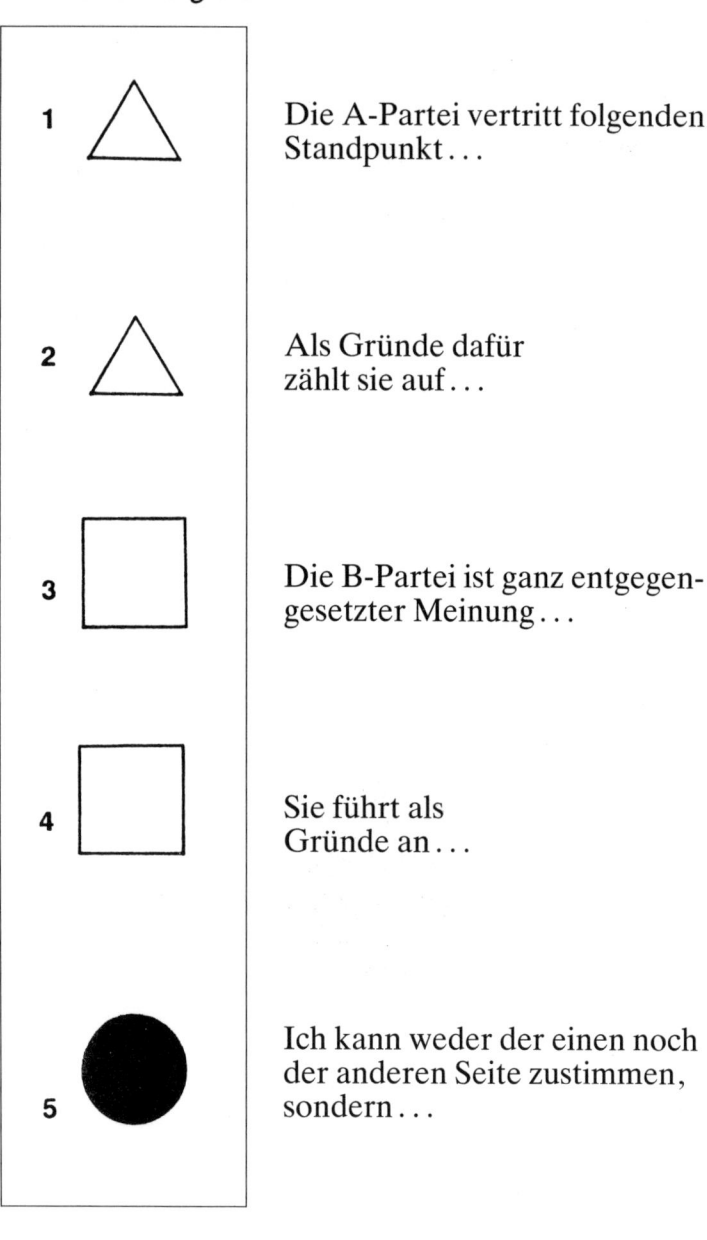

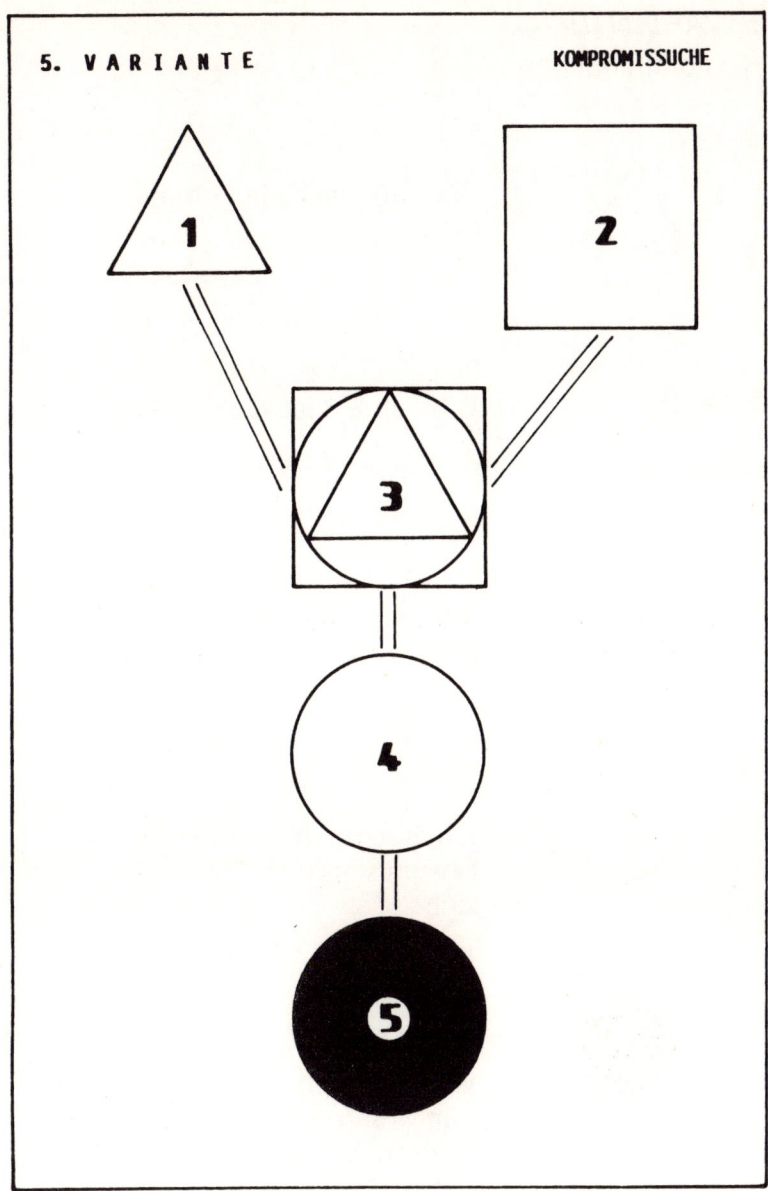

5. VARIANTE
Kompromißsuche

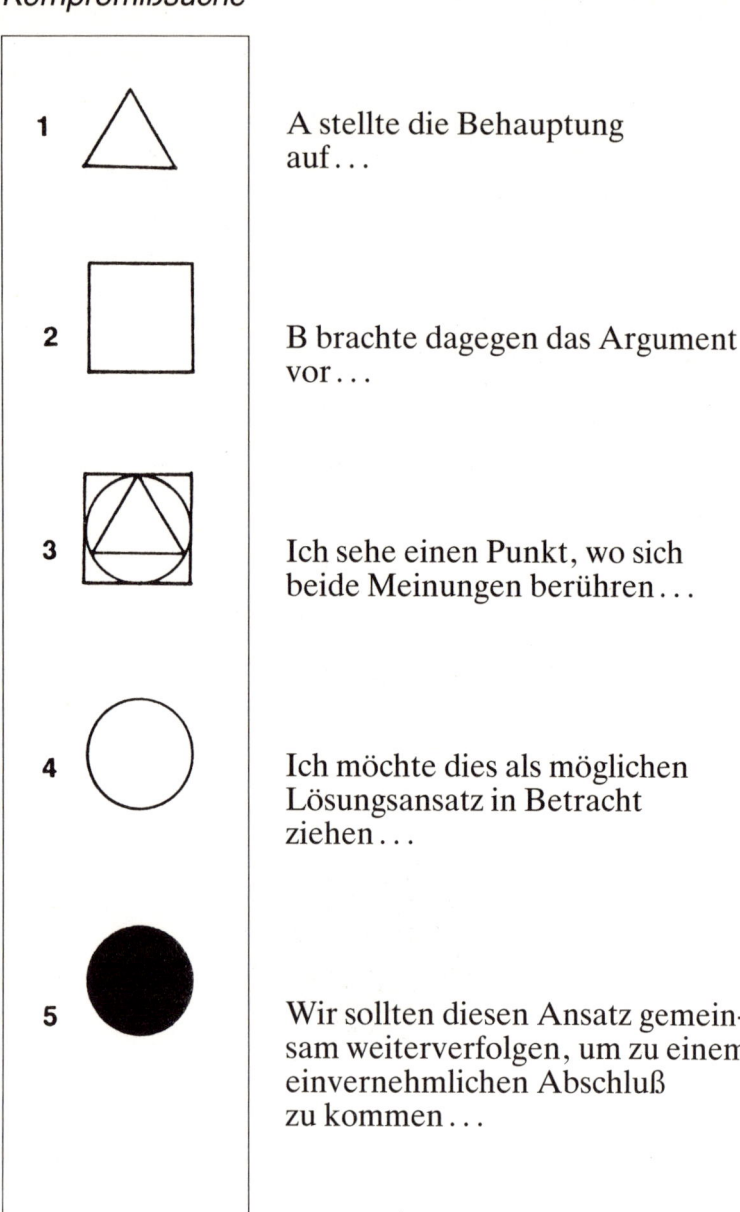

1   A stellte die Behauptung auf...

2   B brachte dagegen das Argument vor...

3   Ich sehe einen Punkt, wo sich beide Meinungen berühren...

4   Ich möchte dies als möglichen Lösungsansatz in Betracht ziehen...

5   Wir sollten diesen Ansatz gemeinsam weiterverfolgen, um zu einem einvernehmlichen Abschluß zu kommen...

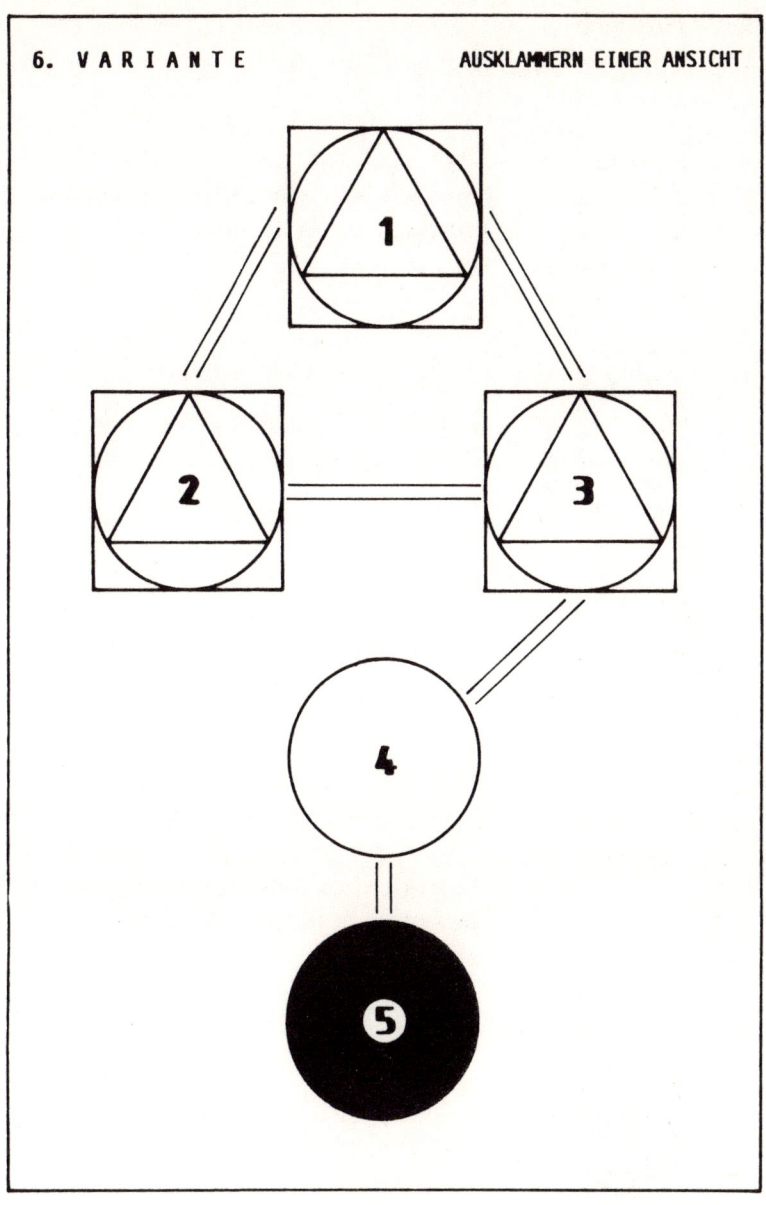

6. VARIANTE
Ausklammern einer Ansicht

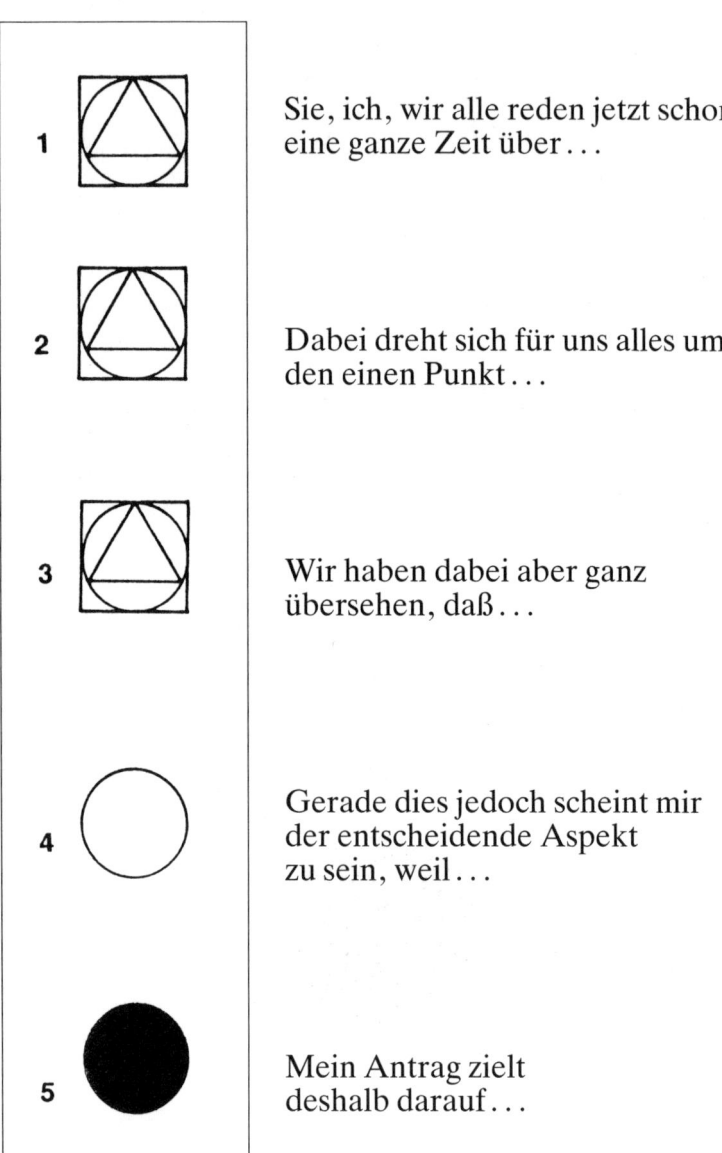

1 — Sie, ich, wir alle reden jetzt schon eine ganze Zeit über...

2 — Dabei dreht sich für uns alles um den einen Punkt...

3 — Wir haben dabei aber ganz übersehen, daß...

4 — Gerade dies jedoch scheint mir der entscheidende Aspekt zu sein, weil...

5 — Mein Antrag zielt deshalb darauf...

ÜBUNG:
Wählen Sie ein Thema aus Ihrem privaten oder beruflichen Bereich und handeln Sie es in fünf Schritten nach den Varianten 1–6 ab.

1 △ 2 ○ 3 ◐ 4 ◐ 5 ●	1 2 3 4 5
1 △ 2 △ 3 ○ 4 △ 5 ○	1 2 3 4 5
1 ▱△ 2 ○ 3 ◐ 4 ◐ 5 ●	1 2 3 4 5

15. Argumentation im Dialog

Die argumentierende Kurzrede in fünf Schritten ist auch als Gesprächsbaustein innerhalb des Dialogs brauchbar.
Gehen wir von der logischen (chronologischen) Kette aus und denken wir wieder vom Zwecksatz (der Kernaussage) her, dann ist folgendes modifiziertes Schema möglich:

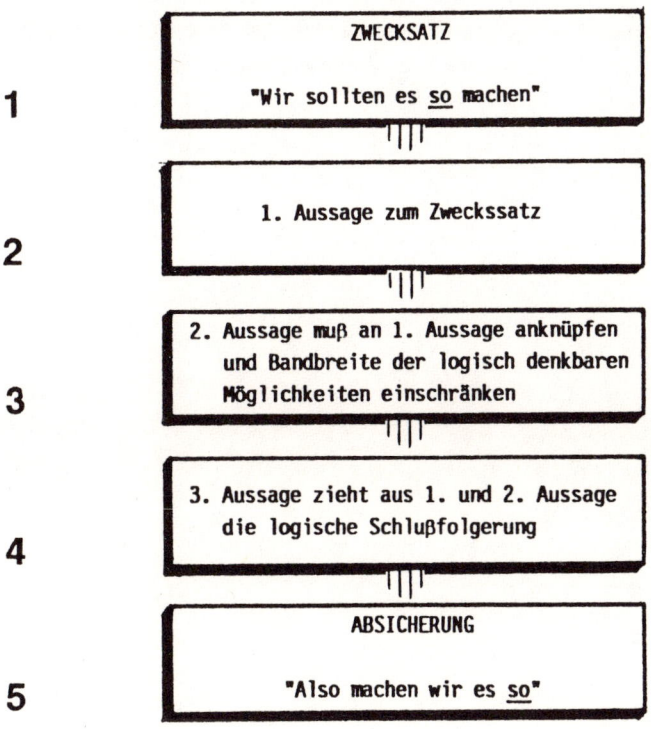

Beispiel (Telefonische Terminvereinbarung)
1. Ich rufe Sie wegen des Besprechungstermins an. Wir sollten ihn von Mittwoch auf Dienstagvormittag vorverlegen.
2. Der Sachverständige ist am Mittwoch verhindert.
3. Unsere beiden Herren sind am Donnerstag bereits in Hamburg.
4. Um die Sache nicht unnötig hinauszuschieben, sollten wir also den Dienstagvormittag vorsehen.
5. Können wir das so festhalten?

Sie sehen: Auch für Gespräche (Telefonate) im beruflichen Alltag ist die Technik, von einem Zwecksatz her zu denken und von daher seine Argumentation zu entwickeln, praktikabel und für beide Seiten durchschaubar und bündig.

Sie haben bemerkt, daß wir diesmal aber den Zwecksatz an den Anfang gestellt haben, um gleich zu signalisieren, worum es geht. Der 5. Satz dient nur noch der Absicherung der sich aus den Schritten 2 bis 4 ergebenden Schlußfolgerung.

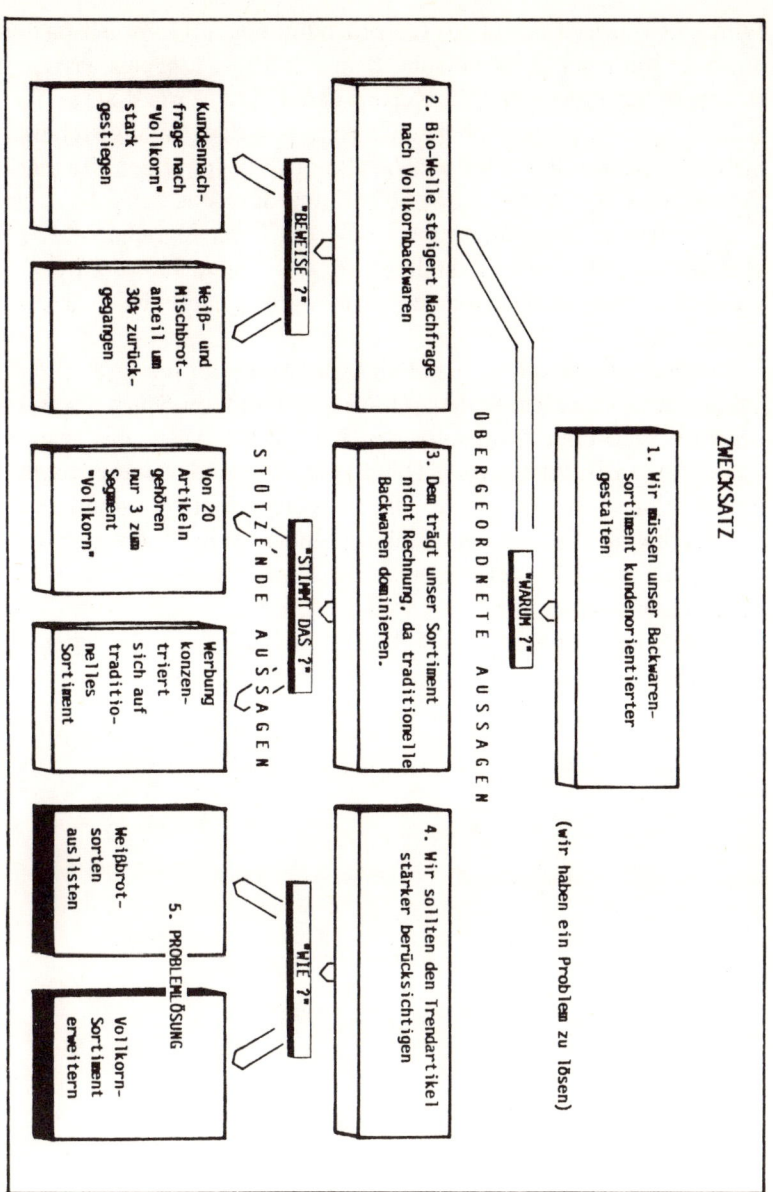

Wenn Sie quasi »kalt« in ein Gespräch mit einem Gesprächspartner oder Mitarbeiter einsteigen, dann will der ja zunächst wissen, worum es eigentlich geht. Sie werden daher Ihren Zwecksatz (z. B. Lösungsvorschlag oder Dienstanweisung) an den Anfang stellen, Schritt 1. Sie werden dann natürlich konfrontiert mit den Fragen: Wieso? Warum? Wann? Beweise? Stimmt das? Wie? etc.

Jetzt setzt Ihre Argumentation in Gestalt einer logischen Kette ein, mit der Sie Ihren Gedankengang, der Sie zu Ihrem Zwecksatz geführt hat, so nachvollziehbar machen müssen, daß er überzeugt.

Die logische Kette erinnert an den Syllogismus mit seiner Dreiteiligkeit; auch sie vollzieht den Schluß in einem Drei-Schritt 2 bis 4 (drei übergeordnete Aussagen mit stützenden Aussagen). Zum Zwecksatz wird eine neutrale These aufgestellt und bewiesen; dem wird antithetisch der eigene, unbefriedigende Ist-Zustand mit entsprechenden Belegen gegenübergestellt; daraus ergibt sich die zwingende Schlußfolgerung mit Handlungsanweisung zur Problemlösung, Schritt 5.

Die Argumentation in fünf Schritten ist auch hier als Schema erkennbar.

ÜBUNG (Argumentation im Dialog)

1. Ordnen Sie die nachfolgenden stützenden Aussagen möglichen übergeordneten Aussagen zu.
2. Leiten Sie den möglichen Zwecksatz daraus ab.

- Es fehlt ein Logo;
- Kunden orientieren sich an Markensymbolen;
- Farben zur Fassadengestaltung einheitlich festlegen;
- Neues Logo entwickeln;
- Kunden reagieren emotional auf Farben;
- Farbgestaltung ist uneinheitlich;

LÖSUNG ZUR ÜBUNG »Argumentation in Dialog«

1. Die übergeordneten Aussagen
   a) Unternehmensgruppe ist schwer identifizierbar
   - Es fehlt ein Logo
   - Farbgestaltung ist uneinheitlich
   b) Corporate Design leistet Identifizierbarkeit und Identifikation
   - Kunden orientieren sich an Markensymbolen
   - Kunden reagieren emotional auf Farben
   c) Entwicklung eines einheitlichen Corporate Designs
   - Neues Logo entwickeln
   - Farben zur Fassadengestaltung einheitlich festlegen

2. Der mögliche Zwecksatz könnte lauten:
   »Identifizierung unserer Unternehmensgruppe durch Corporate Design gewährleisten.«

16. Argumentation und Motivation

Ich habe im Kapitel »Definition« schon darauf hingewiesen, daß das Verständnis eines Begriffs stark mit den eigenen Erfahrungen etc. zusammenhängt.
Das gilt natürlich auch für den Begriff »Argumentation«.
Kein Zweifel, wir benutzen ihn hier in einem kapitalistischen System (oder mit weniger polemischem Unterton: im System der sozialen, freien Marktwirtschaft). Das heißt, daß Argumentation, als Teil der Industrie- und Wirtschaftsrhetorik, eine Sprechhandlung bei Konferenzen, Besprechungen, Verkaufs- und Mitarbeitergesprächen ist, mit dem Ziel, Widersprüche von Meinungen zum Konsens oder Kompromiß zu bringen.
In der Tat sind diese Sprechhandlungen auf Effizienz angelegt: Es soll etwas dabei herauskommen.
Es ist keineswegs so, daß deshalb der Argumentationsprozeß zwangsläufig kein offener ist; das ist ideologische Polemik.
Das Klischee vom autoritären Chef (»Argumentiert wird, bis ich recht behalte«) stimmt so nicht mehr.
Kooperativ geführte Unternehmen finden zu Innovationen und neuen Lösungen weitgehend über Arbeitskreise. Da sind sehr wohl die Argumente eines jeden einzelnen gefragt, und es kommt durchaus immer wieder vor, daß durch das Argumentieren über einen bestimmten vorgeschlagenen Lösungsweg sich ein völlig neuer Lösungsweg ergibt.
Führungskräfte wären ja dumm, bedienten sie sich nicht der Argumentation ihrer fachkompetenten Mitarbeiter. Mitarbeiter heute ließen sich das auch nicht mehr gefallen.
Ein Freund von mir pflegte seinem Vorstandsvorsitzenden zu sagen: »Ich denke, ich werde dafür bezahlt, meine Meinung zu sagen und nicht die Ihre.« Und er bekam recht.
Erkennbar ist das Bemühen der Unternehmen, mittels gemeinschaftlich erarbeiteter Unternehmenskultur und Unternehmensphilosophie (Corporate Identity) den Mitarbeitern eine Identifikationsmöglichkeit anzubieten, um damit die Basis zu le-

gen für den Konsens in praktischen Fragen des beruflichen Alltags.
Wenn die Belegschaft eines Unternehmens als Grundsatz formuliert: »Der Kunde und seine Wünsche stehen im Mittelpunkt unserer Bemühungen. Wir wissen, daß nur ein zufriedener Kunde auf Dauer unser Kunde bleibt«, dann ist dies ein Argument für die Geschäftsmaxime: »Für Kundenfragen und Probleme haben wir stets ein offenes Ohr. Reklamationen behandeln wir in jeder Beziehung großzügig.« Und dieser Satz ist dann auch direkte Handlungsanweisung für jeden Mitarbeiter. Aber nicht im Sinne eines Befehls. Denn ein Befehl versucht ja, auf nicht-argumentative Weise zu steuern, während hier die Handlungsanweisung von der Belegschaft selbst begründet ist (»Wir wissen, daß nur ein zufriedener Kunde auf Dauer unser Kunde bleibt« – und dahinter steht das schlagende Argument: »Dienst am Kunden ist unser Verdienst«). Auch nicht im Sinne einer Drohung, denn mit der selbst gesetzten Handlungsanweisung verbunden sind keine Sanktionen oder Repressalien.
Drohungen und Repressalien sind in unserer Zeit, da in den Unternehmen der kooperative Führungsstil allgemein anerkannt ist und praktiziert wird, keine Argumente mehr. Wenn solche Mittel der Steuerung entfallen, dann helfen nur überzeugende Argumente. Diesen Argumenten fällt die Aufgabe zu, die Balance der Interessen zu wahren:
Die Argumentation kann es sich weder leisten, ausschließlich die persönlichen Belange des Partners im Auge zu haben, unter Ausschluß der eigenen Interessen am sachlichen Erfolg (1/10), noch umgekehrt (10/1).
Die Argumentation muß – und dies gilt überall: im Verkauf, in der Mitarbeiterführung, im privaten Bereich – auf Konsens oder Kompromiß angelegt sein, wobei im Idealfall (10/10) auf keiner Seite Abstriche gemacht werden müssen (s. Grafik S. 116).
Die Unterstellung, Argumentation sei in der Wirtschaftsrhetorik zwangsläufig nur auf Affirmation (Bestätigung des Vorgegebenen) aus, resultiert aus den ideologischen Scheuklappen einiger Beobachter.
Im übrigen: Was sollte der begründete Dissens denn für einen Sinn machen? Die sich daraus ergebende konsequente Haltung wäre

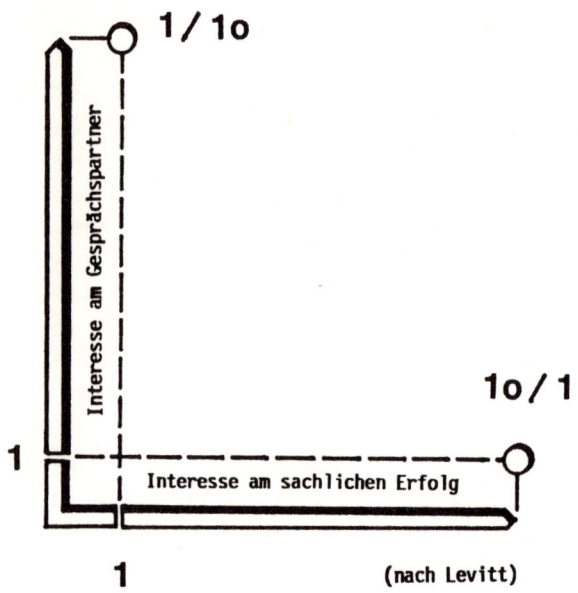

(nach Levitt)

doch: »Jetzt habe ich Ihnen klar gesagt, warum ich dagegen bin. Also werde ich auch nichts tun!«
Für eine solche Konsequenz, die das böse kapitalistische System leider verhindere, kann man doch nicht im Ernst plädieren! Der begründete Dissens, der es dabei beläßt, hat vielleicht einfach nur keinen Mut zum Risiko; umgekehrt: Da nur Wahrscheinlichkeit, nicht aber Wahrheit zu erreichen ist, birgt der Konsens ein Risiko, wenn er trotz des Nur-Wahrscheinlichen zu handeln bereit ist.
Die Zweckrationalität von Argumentation ist unbestritten. Sie ist moralisch vertretbar, wenn die Argumente »begründete Behauptungen« sind mit dem erkennbaren Ziel, die Behauptung akzeptabel, die darin implizierte Forderung erfüllbar, die Meinung übernehmbar, die Einstellung verständlich zu machen.
Nun ist das Prinzip des Gebens und Nehmens ja keine spätkapitalistische Erfindung. Das »Do ut des« (Ich gebe, damit du gibst) ist der menschlichen Natur offenbar gar nicht so unangemessen. Wer gegen den heute geltenden Bedürfnis- und Motivationszusammenhang polemisiert, ist immer noch auf der Suche nach dem »neuen Menschen«.

Die Aussicht auf Bedürfnisbefriedigung ist ein Argument. Unlustvermeidung und Lustgewinn sind Argumente. Wenn die Wirtschaftsrhetorik sich in Verkauf und Mitarbeiterführung dieser Argumente bedient, leistet sie – heute für alle erkennbar – mehr als eine marxistische Dialektik, die den Menschen unter sozialistischen Argumenten begräbt.

Kein Mensch ist auf die Dauer gegen seine Bedürfnisse zu motivieren. Argumentativ zur Einsicht bringen, genügt oft nicht; hinzukommen muß ein erkennbarer Vorteil, der dazu motiviert, den aus der Argumentation gezogenen Schluß auch umzusetzen. Handlungsanreiz allein über die Logik zu geben ist schwer, die instinktiven Bedürfnisse sind meist stärker:

– Genußbedürfnis
– Sicherheits- und Geborgenheitsbedürfnis
– Kontakt- und Zuneigungsbedürfnis
– Selbständigkeits- und Freiheitsdrang
– Bequemlichkeits- und Behaglichkeitsbedürfnis
– Rationalisierungsbedürfnis und Gewinnstreben
– Geltungs- und Überlegenheitsbedürfnis (Autorität)
– Nachahmungs- und Identifizierungstrieb
– Spieltrieb und Tätigkeitsdrang
– Jagd- und Eroberungstrieb
– Sexualtrieb
– Neugierde und Entdeckungsbedürfnis
– Verteidigungs- und Abwehrbetrieb

Die erfolgreiche Argumentation baut auf diese »Gründe des Herzens«. Natürlich ist dies weiter zu differenzieren und zu konkretisieren.

Dazu empfiehlt sich das Erstellen einer Argumentenliste, die auf der Erkenntnis des Kunden- oder Mitarbeiterbedürfnisses beruht. Daß dies prinzipiell auf den privaten Bereich (Was will mein Partner, was ist ihm wichtig?) übertragbar ist, ist leicht einsichtig. Ihre Argumente sollen den Gesprächspartner (Kunden/Mitarbeiter) zu einem bestimmten, von Ihnen gewünschten Verhalten motivieren. Dieses Verhalten führt gleichzeitig zur Befriedigung seines Bedürfnisses (das ist sein Motiv).

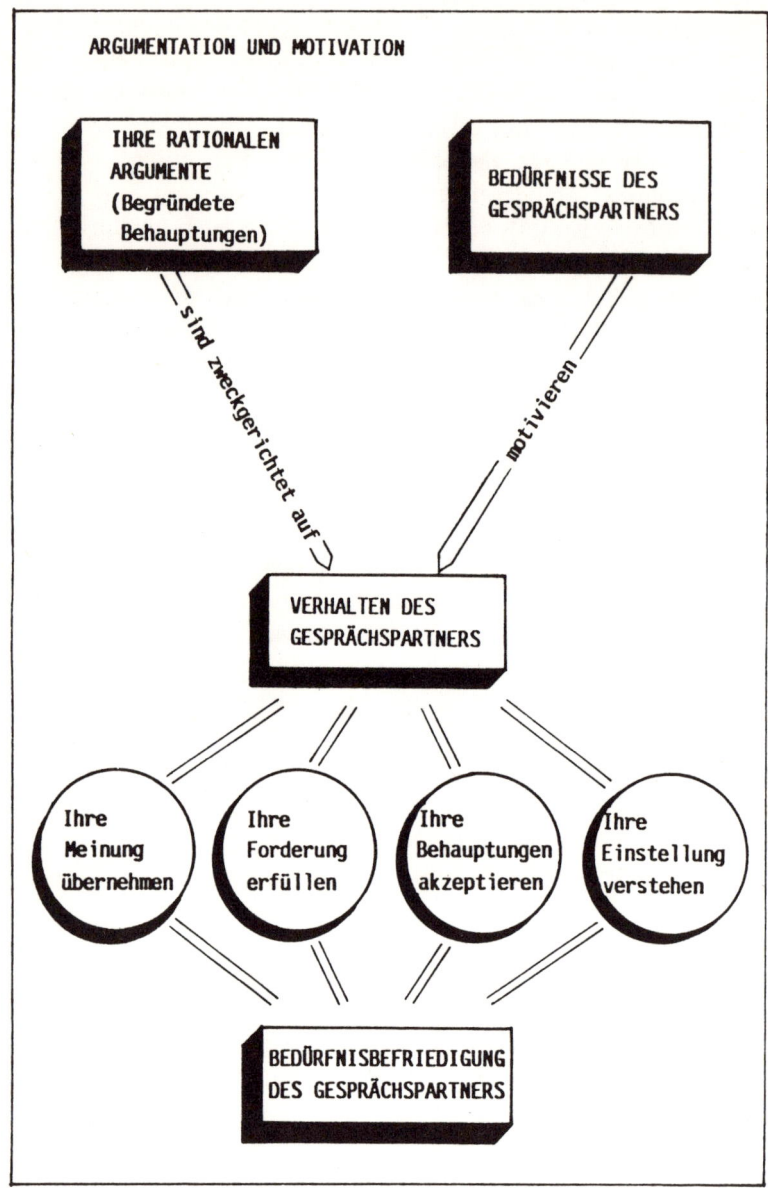

Daraus ergibt sich die Dreiteilung Ihrer Argumentenliste:

1 Verkauf (Produkt, Dienstleistung)

Argument	gewünschtes Verhalten	Motiv (Bedürfnisbefriedigung)
Mischbatterie sorgt für schnelle Wassertemperaturregulierung	Entscheidung für anspruchsvolleren Artikel	Rationalisierungsbedürfnis
Markttransparenz und Unabhängigkeit garantieren bessere Versicherungsbedingungen	Maklerauftrag unterschreiben	Sicherheitsbedürfnis

2 Mitarbeiterführung

Die angebotene Aufgabe verlangt Kreativität. Sie können Ihre Fähigkeiten nutzen	Übernahme einer zusätzlichen Aufgabe	– Tätigkeitsdrang – Entdeckungsbedürfnis
Die in X angebotene Stelle bedeutet für Sie einen Aufstieg	Ortswechsel	Geltungs- und Überlegenheitsbedürfnis

Also: Der Argumentation im Verkaufs- oder Mitarbeitergespräch vorausgehen muß die Erforschung der Kauf- bzw. Arbeitsmotive. Wieder trifft da Rationales und Emotionales zusammen.

ÜBUNG (Argumentation und Motivation)

Argument	gewünschtes Verhalten	Motiv (Bedürfnisbefriedigung)
	Abteilungswechsel	harmonisches Arbeitsklima (Teamwork)
	sorgsamer Umgang mit Betriebsmitteln	Angst vor Veränderung am Arbeitsplatz
	Zuverlässige Termineinhaltung	gutes Verhältnis zum Vorgesetzten
Diese Aufgabe ist für Sie eine echte Herausforderung	Projektleitung übernehmen	
Die Versetzung in den Innendienst bedeutet Verlust der Provision	mehr Kundenbesuche absolvieren	
	Überstunden leisten	Erhöhung des Lebensstandards
	Auslandsaufenthalt für ein Jahr	Spezialkenntnisse erwerben
Dieses Modell hat eine Beschleunigung von 0 auf 100 in 9 sec.	Entscheidung für das teurere Modell	
Gymnastik stabilisiert den Kreislauf	Mehr körperliche Bewegung	
Überholmanöver sind oft riskant	passiver Fahrstil	

17. Argumentation und Problemlösungssuche mit mehreren Gesprächspartnern

Wir haben schon festgestellt und festgehalten, daß Argumentation, die auf eine Entscheidung zielt, der Kommunikation und Kooperation bedarf.
Vielleicht wird dies noch deutlicher, wenn nicht zwei Gesprächspartner sich darüber austauschen, was »richtig« oder »falsch« ist, sondern wenn auf beiden Seiten je zwei Gesprächspartner (Doppelteam) argumentieren (also Partei A mit/gegen Partei B).
Wann ergibt sich eine solche Konstellation?
In aller Regel dann, wenn zwei Geschäftspartner aus sachlichen Gründen jeweils ihren Experten oder ihren Entscheidungsträger hinzuziehen.

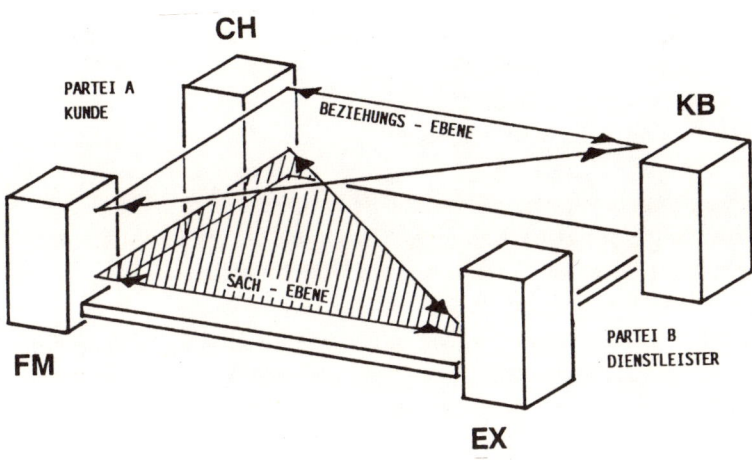

CH = Chef
FM = sein Fachmann in der anstehenden Frage
KB = Kundenbetreuer
EX = Experte in der anstehenden Frage

Der Kundenbetreuer als die Bezugsperson für den Kunden ist dem Chef oder dem Fachmann oder beiden bekannt. Der Experte hingegen wird den beiden erst vorgestellt werden müssen.
Daraus ergibt sich für die Rollenverteilung innerhalb des Doppelteams »Dienstleister«: Der Kundenbetreuer hat vornehmlich für das gute Verhandlungsklima (Beziehungsebene) zu sorgen, während der Experte sich mehr auf die anstehenden Sachfragen (Sachebene) konzentrieren wird.
Was sind die Voraussetzungen für die kooperative Suche nach dem, was »richtig« (die beste Lösung) ist?

Für jeden Doppelteampartner ist im Vorfeld der Verhandlung notwendig
– die Kenntnis des zu lösenden Problems
– die Bestimmung eines gemeinsam zu tragenden Verhandlungsziels
– die Entwicklung einer gemeinsamen Strategie
– die Formulierung gemeinsam zu tragender Alternativziele

Während der Verhandlung sind zwei grundsätzlich verschiedene Verhaltensweisen denkbar:
    A Konstruktives Verhalten
    B Destruktives Verhalten

Es ist immer wieder interessant zu beobachten, wie bei der Verhandlung einer kritischen Frage (Reklamation im weitesten Sinne) selbst die Doppelteampartner auf der Dienstleister-Seite Argumente vorbringen, die zerstörerisch wirken müssen.
Weiter ist zu beobachten, wie solche dysfunktionalen Argumente, die also Zweckorientiertheit (Streben nach Konsens) vermissen lassen, von den Doppelteampartnern auf der Dienstleister-Seite auch untereinander ausgetauscht werden, wenn gemeinsame Zielvereinbarung und gemeinsame Strategieentwicklung offenkundig gefehlt haben.
Tatsächlich ist es so, daß konstruktives und zerstörerisches Verhalten innerhalb der Doppelteams und zwischen den Doppelteams zu beobachten ist:

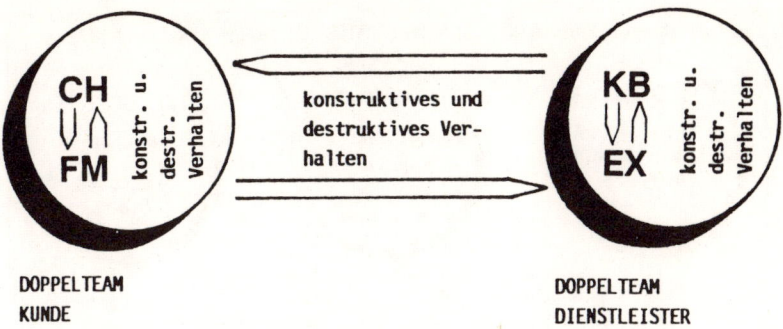

DOPPELTEAM
KUNDE

DOPPELTEAM
DIENSTLEISTER

Wie können sich die beiden grundsätzlichen Verhaltensweisen äußern?

A Konstruktives Verhalten

1. *Informieren*
   - Hintergrundwissen zu den Prämissen und Argumenten mitteilen
   - Erfahrungen zur Erläuterung bestimmter Punkte einbringen
   - Gründe für die Behauptung nennen
   - Beispiele zum Lösungsangebot
2. *Informationssuche*
   - Bitte um genaue Definition
   - Frage nach dem Problem
   - Frage nach den Gründen
   - Frage nach Zielvorstellung und Lösungsvorschlägen
3. *Meinung äußern*
   - Zu Argumenten Stellung nehmen
   - Lösungsvorschläge kommentieren
4. *Meinungserkundung*
   - Rückmeldung zu Argumenten erbitten
   - Rückmeldung zu Lösungsvorschlägen erbitten
5. *Initiative und Aktivität*
   - Neuordnung des Materials
   - Prämissen überprüfen
   - Neuen Ansatzpunkt finden
   - Neue Ideen vorbringen
   - Definition überprüfen
   - Lösungen vorschlagen

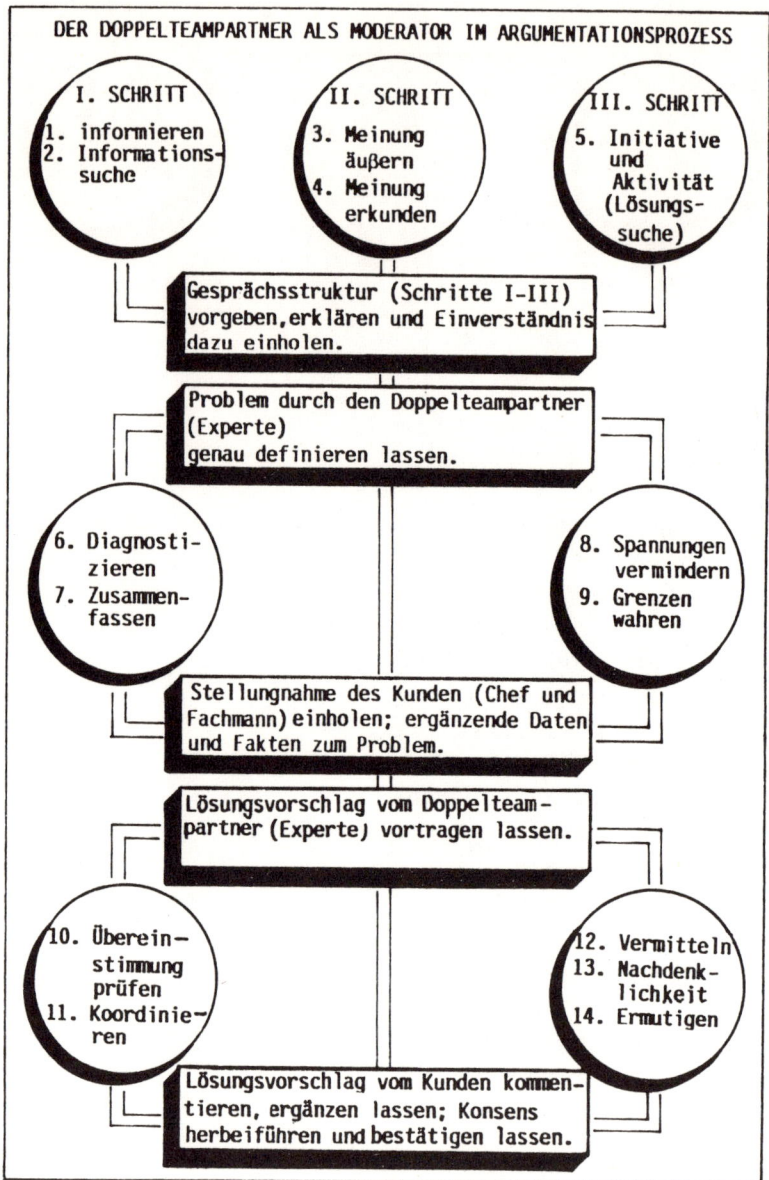

6. *Diagnostizieren*
   – Bestimmen der Schwierigkeiten
   – Analyse der Einwände

7. *Zusammenfassen*
   – Verwandte Argumente oder Vorschläge zusammenziehen
   – Mittels Paraphrase (Nachformulierung) Prämissen, Argumente, Lösungsvorschläge verdeutlichen

8. *Spannungen vermindern*
   – Kommunikationsstörungen benennen und bereinigen
   – Negative Gefühle ableiten

9. *Grenzen wahren*
   – Sprechzeit begrenzen

10. *Übereinstimmung prüfen*
    – Nach der Meinung des Doppelteampartners und der anderen fragen

11. *Koordinieren*
    – Vorgehensweise strukturieren
    – Berührungspunkte verschiedener Meinungen und Vorschläge aufzeigen
    – Ideen und Vorschläge zusammenführen

12. *Vermitteln*
    – Kompromißmöglichkeiten aufzeigen
    – Kontroverse Standpunkte versöhnen

13. *Nachdenklichkeit*
    – Die Argumente des anderen anhören und aufnehmen

14. *Ermutigen*
    – Übereinstimmung deutlich machen
    – Argumente des anderen bekräftigen

Diese konstruktiven Verhaltensweisen dienen der Stärkung der Argumentationsfähigkeit des eigenen Teams; sie sind aber genauso darauf gerichtet, aus den beiden Doppelteams im Verlauf des Argumentationsprozesses ein »Quartett« zu schaffen, harmonischen Konsens herzustellen.

B Einem solchen Ziel widerspricht das destruktive Verhalten:

1. *Aggression*
   - Persönliche Angriffe (unfaire Dialektik)
   - Dominanzstreben

2. *Blockieren*
   - Sture Argumentation zu einem einzigen Punkt
   - Affektive Vorurteile
   - Zurückweisung von Argumenten, ohne sie überprüft zu haben
   - Wissenschaftliche oder soziale Gewißheiten nicht anerkennen
   - Definition verweigern

3. *Rivalisieren*
   - Mit dem Doppelteampartner oder auch mit den anderen um das beste Argument, die produktivste Lösung zanken
   - Ständig am meisten sprechen (monologisieren)
   - Die Gesprächsführung an sich reißen
   - Mit Behauptungen auftrumpfend die größte Rolle spielen

4. *Spezialplädoyers*
   - Den Argumentationsprozeß nicht offen halten, sondern mit eingeengten Bedenken und Grundsatzüberlegungen »mauern«

5. *Beachtung suchen durch*
   - Extreme Behauptungen
   - Abstruse Ideen
   - Ungewöhnliche Argumente allein um des Effektes willen
   - Originalitätssüchtige Lösungsvorschläge

6. *Sich zurückziehen*
   - Ausweichende, abschweifende Exkurse
   - Kein Feedback geben
   - Argumente verweigern
   - Informationen, Erfahrungen, Beispiele verschweigen
   - Passives, indifferentes Verhalten gegenüber Lösungsvorschlägen

Zentrale Aufgabe des Kundenbetreuers aus dem Dienstleister-Doppelteam sollte die eines Moderators sein; d.h., er wird in ganz besonderem Maße auf ein konstruktives Verhalten bedacht sein müssen.

Da ihm, weil meist allen Gesprächsteilnehmern schon länger bekannt, auf der Beziehungsebene hohe Akzeptanz zukommt, kann er gerade im Konfliktfall den Argumentationsprozeß positiv steuern und so ein emotionales Durcheinander vermeiden.

»Das Gefühl geht vornehmlich auf das Gegenwärtige«

18. Argumentationsverstärkung durch Visualisierung

Eine chinesische Anekdote:
»Ein König erblickt einen Büffel, der zum Opfern geführt wird. Mitleid erfaßt ihn, und er befiehlt, statt dieses Tieres einen Hammel zu opfern. Er habe so entschieden, weil er den Büffel vor Augen hatte, den Hammel aber nicht.«

Aus der Rede des Marc Anton in Shakespeares »Julius Caesar«:
»Wofern ihr Tränen habt, bereitet euch,
Sie jetzo zu vergießen. Diesen Mantel,
Ihr kennt ihn alle; noch erinnr' ich mich
Des ersten Males, daß ihn Cäsar trug...
Hier, schauet! fuhr des Cassius Dolch herein;
Seht, welchen Riß der tück'sche Casca machte!
Hier stieß der vielgeliebte Brutus durch...
Wie? weint ihr, gute Herzen, seht ihr gleich
Nur unsers Cäsars Kleid verletzt? Schaut her!
Hier ist er selbst, geschändet von Verrätern.«

Was diese beiden literarischen Beispiele belegen: Nichts ist für das »Augentier« Mensch wirkungsvoller und überzeugender als das, was vor Augen geführt wird. Sehen heißt überzeugt sein.
Der Verkäufer gibt dem Kunden einen Artikel in die Hand mit wenigen kommentierenden Argumenten; für das nicht präsente Alternativangebot zählt er eine ganze Reihe von Argumenten auf. Welcher der beiden Artikel wird da den Kunden spontan mehr reizen? Bedenken Sie: »Das Gefühl geht vornehmlich auf das Gegenwärtige.« (Bacon) Auch deshalb geht es in der Argumentation darum, Präsenz herzustellen. Im Kapitel »Rhetorische Figuren zur Argumentationsverstärkung« ist ausgeführt, wie dies durch ausschmückende Entfaltung (Amplifikation) der Argumente geschehen kann. Auch die körpersprachlichen Begleitsignale versuchen, den Argumenten eine sinnliche Präsenz zu verschaffen.

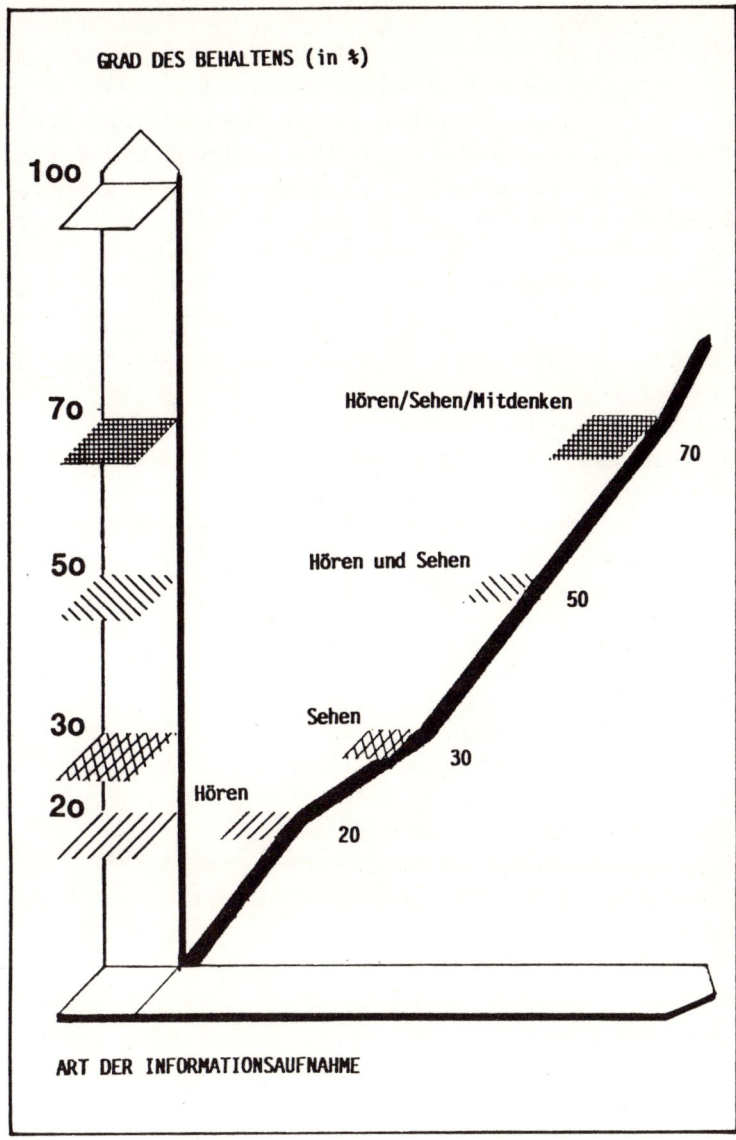

All dies ist im Argumentationsprozeß ergänzend zu unterstützen durch optische Hilfsmittel.
Die visualisierte Argumentation ist sicher doppelt so wirksam wie

die rein abstrakt-verbale. Sehen und hören zusammen machen 94 % (!) unserer gesamten Wahrnehmungsleistung aus (ein Grund, warum auch in diesem Buch viel mit Grafiken gearbeitet wird).

Beim Verkauf von Produkten soll die Argumentation immer begleitet sein von (gleichzeitiger) Demonstration und von der Möglichkeit des Ausprobierens. Zu beneiden sind hier die Weinhändler: Sie können in ihrer Argumentation alle Sinne des Kunden ansprechen. Die Argumentation wird hier gestützt von direkt nachprüfbaren Tatbeständen. Der Kunde gewinnt Gewißheit über das Erproben.

Schwieriger ist es, die abstrakte Argumentation empirisch (d. h. aus der Sinneserfahrung) zu stützen. So sollten wir wenigstens nicht auf das Sehen (zusätzlich zum Hören) verzichten.

Die Wahl der Hilfsmittel ist natürlich abhängig von Thema, Gesprächsform, Zielgruppe, räumlichen Verhältnissen.

1. Für Gespräche mit zwei Gesprächspartnern genügt es, *Prospekte* zur Hand zu haben, die man vor dem Gespräch zugesandt hat oder nach dem Gespräch überreicht.

Nicht im Gespräch selbst benutzen, sonst blättert der Gesprächspartner womöglich herum, und Ihre Argumentation findet nicht seine ungeteilte Aufmerksamkeit.

Eine vorbereitete Präsentationsmappe enthält Grafiken und Fotos in Klarsichthüllen, die Sie zum entsprechenden Abschnitt Ihrer Argumentation dem Gesprächspartner vorlegen.

Außerdem eignen sich Muster und Modelle.

Sie können einzelne Aussagen optisch untermalen (s. Grafik S. 131). Dies geschieht am besten auf einem *Minichart* (aufstellbar, im DIN A4-Format).

Der entscheidene Vorteil ist:
– Das Wichtigste Ihrer Argumente wird jeweils optisch verstärkt.
– Ihr Gesprächspartner kann selbst im Verlauf des Argumentationsprozesses auf einzelne Charts zurückgreifen, um seine Rückfragen und Zusatzfragen zu verdeutlichen.
– Die Aufreihung der Charts ergibt eine optische Dokumentation des Argumentationsprozesses.
– Die Argumentationsschritte bleiben mit ihren Schwerpunkten präsent.

1. »Wenn Sie die neue Niederlassung in Hannover aufbauen, haben Sie für Gesamtdeutschland einen zentralen Standort.«

2. »Wie sind Ihre betrieblichen Risiken zu bewerten?«

3. »Was ist für Ihr Dienstleistungsangebot das Wichtigste?
Was müssen Sie besonders herausstellen?«

4. »Dadurch wird der Wachstumsprozeß in den nächsten zehn Jahren beschleunigt.«

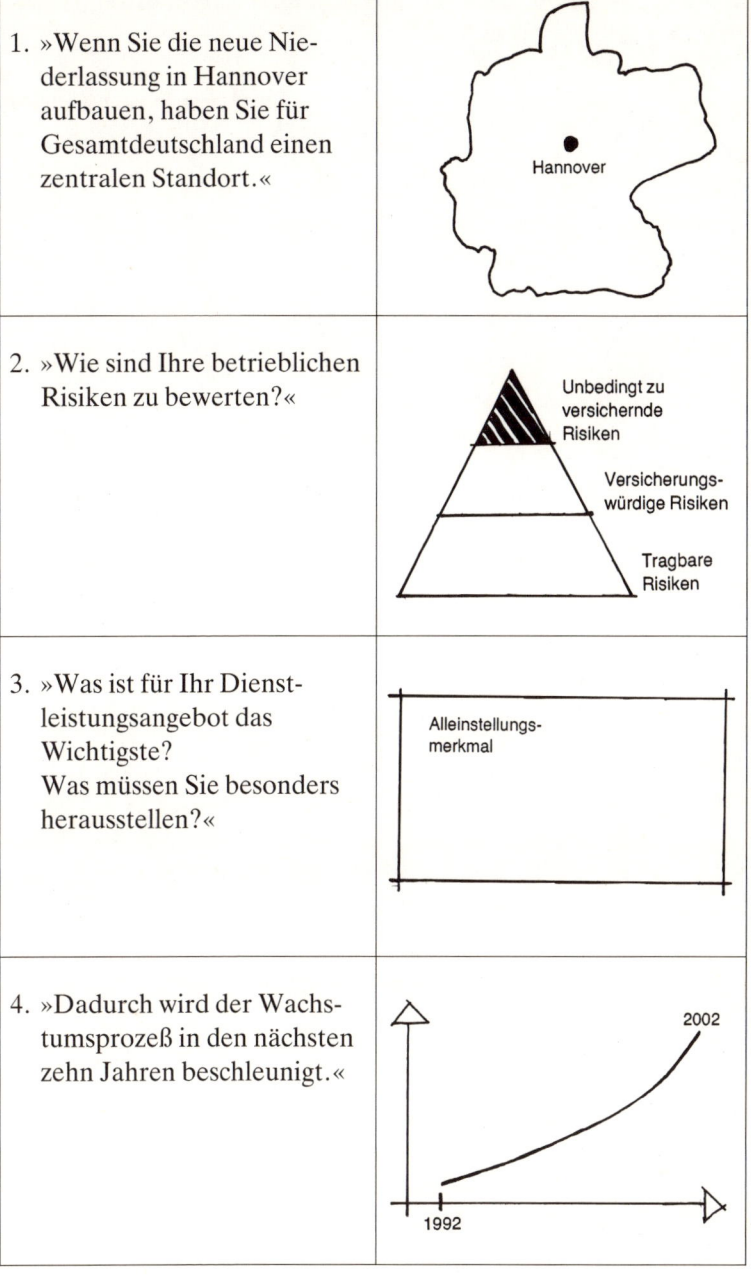

2. Für Gespräche mit vier und mehr Gesprächspartnern eignet sich zunächst der *Flip-Chart*.

Mitarbeit und Mitdenken werden gefördert:

- Argumente beider Parteien (aller Gesprächsteilnehmer) können sofort stichwortartig festgehalten werden.
- Es können Zusammenhänge und Ideen graphisch dargestellt werden.
- Durch Zurückblättern kann jeder dokumentierte Argumentationsschritt schnell wieder präsentiert werden.
- Die einzelnen Blätter können auch in logischer Reihenfolge an eine Wand geheftet werden. Die Stützen für die Argumentation sind dann komplex überschaubar.
- Vorgefertigte Charts können den Vortrag eines Arguments ergänzen.

Der *Overhead-Projektor*:

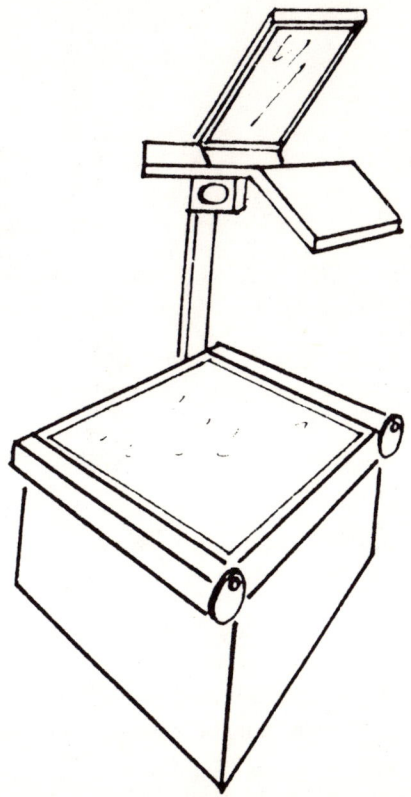

Wenn Sie vorbereitete Folien benutzen (Ihre auf Papier gezeichneten Grafiken sind auf Folie fotokopierbar), dann können Sie auf diese Weise den ganzen Argumentationsprozeß optisch strukturieren. Vorsicht, daß man nicht mit zu vielen Folienmotiven ermüdet!
Die Foliengestaltung während des Argumentationsprozesses erlaubt Ihnen die fortlaufende Visualisierung Ihrer Argumente, die graphische Illustration der Stützen für Ihre Argumente.
Zeichnen Sie auf eine Endlosfolie, dann können Sie einzelne Argumentationsschritte durch das Zurückdrehen der Folie schnell optisch rekapitulieren.

Die *Pinwand-Methode*:

Dazu einige Vorbemerkungen, die den Zusammenhang von Zeitgeist und Argumentationstechnik verdeutlichen: Zweckrationale Argumentation zielt auf ein optimales Ergebnis. Dazu bedarf es der Entfaltungsmöglichkeit aller am Argumentationsprozeß Beteiligter.
Der Firmenpatriarch früherer Jahre hat angeordnet; der pater familias früherer Jahre hat bestimmt. – Wozu dann argumentieren?
Der Untertanengeist hat sich in den letzten Jahrzehnten zu einer kritischeren (bis sehr kritischen) Haltung gewandelt.
Führungskräfte, die einen kooperativen Führungsstil praktizieren, verstehen den Entfaltungsraum ihrer Mitarbeiter als ihren eigenen Erfolg.
Wer Freiräume schafft, schafft Platz für originelle Fragen und Lösungen.
Besonders die jüngeren Mitarbeiter fordern Transparenz: Welche Argumente stützen die Entscheidung? Wie wurden die Argumente gefunden?

Sie wollen mitdenkende Partner sein. Gibt man ihnen dazu die Chance, sind sie bereit, Verantwortung zu übernehmen und Leistungen zu erbringen.

Die Pinwand-Methode ist Ausdruck für ein gewandeltes Bewußtsein, für neue Strukturen, die auch den Argumentationsprozeß grundsätzlich beeinflussen.

Der entscheidende Vorteil der Pinwand-Methode ist: Der Argumentationsprozeß wird zur Aktion, in die alle Beteiligten einbezogen werden; der Argumentationsprozeß wird erlebt.

Die Bereitschaft zur Teilnahme bleibt hoch, weil der Argumentationsprozeß formal so gestaltet ist, daß jederzeit ein Eingreifen möglich ist, ohne daß der Prozeß gestört würde. Dies wird geleistet durch die »schriftliche Diskussion«:

Auf Kärtchen kann jeder Teilnehmer jederzeit seine Fragen, Anmerkungen, Zweifel, Widersprüche als Stichwort notieren und auf die Pinwand (natürlich bedarf es bei einem umfänglichen Argumentationsprozeß mehrerer Pinwände) heften, also in die visualisierte Argumentation einbringen.

Kartenabfragen zu bestimmten Fragestellungen garantieren, daß jeder (ohne die sonst möglichen Hemmungen) seine Gründe in den Pool der sozialen Gewißheiten einbringen kann, um die zweifelhafte Sache zu klären und einer sicheren Lösung zuzuführen.

Die Zuordnung der Kärtchen zu Oberbegriffen gibt dem Argumentationsprozeß eine logische Struktur. Die mögliche Umordnung entspricht der Forderung nach einem offenen Argumentationsprozeß. In jedem Fall wächst eine komplexe Übersicht. Die Möglichkeit der Abstimmung (Punkten) erlaubt es, einem der Lösungsansätze Priorität zu geben, der dann in Kleingruppen weiter verfolgt wird.

Am Ende steht für alle sichtbar dokumentiert ein kollektiv Geltendes, aus dem sich bestimmte Maßnahmen ergeben. Wer so aktiv und intensiv in den Argumentationsprozeß einbezogen war, kann sich der kooperativen Umsetzung der Lösung nicht verweigern.

Die Pinwand-Methode ist sicher die demokratischste Form der Argumentation, auch deshalb, weil sie zur Einhaltung selbstgesetzter Regeln verpflichtet (z. B. 20 sec.-Regel: Redebeiträge sind kurz und prägnant zu formulieren).

19. Rhetorische Figuren zur Argumentationsverstärkung

Da Argumente nun einmal weitestgehend sprachlich vermittelt werden, ist die Kunst ihres Vortrags natürlich ganz eng mit der Rhetorik verbunden.
Nun wollen wir unsere Argumente nicht »rhetorisch« im Sinne von »schönrednerisch« vortragen. Sicher ist der griechische Spruch »Iß keine großen Bissen, rede keine großen Worte!« in der Argumentation zu beherzigen – aber ein bißchen Glanz darf schon sein!

»Also besteht, wie ich glaube, die ganze Beredsamkeit im Beweisen, im Schildern und im Rühren.« (Fénélon)

»Wir gewinnen die Menschen für unsere Meinung durch drei Mittel: durch Belehrung, durch Unterhaltung und durch Erschütterung.« (Cicero)

»So sind wir bald pathetisch, bald schlicht und einfach, bald halten wir die Mitte; so schließt sich unserem gedanklichen Plane die Ausdrucksweise an und läßt sich zur Ohrenfreude wie zur Herzenserschütterung stets modeln und wenden.« (Cicero)

»Je mehr man überhaupt von einem Gegenstande weiß, um desto bestimmter und bedeutsamer läßt er sich auch darstellen.« (Schleiermacher)

»Der Unterschied zwischen dem treffenden Wort und dem beinahe treffenden Wort ist derselbe wie zwischen dem Blitz und dem Glühwürmchen.« (Mark Twain)

Habe ich Sie mit diesen Zitaten von der Notwendigkeit der »richtigen Verpackung« Ihrer Argumente überzeugt?
Sie werden festgestellt haben, daß die zitierten Autoritäten neben die Begriffe, die Rationales bezeichnen (Beweis, Belehrung, gedanklicher Plan) immer gleichwertig Begriffe gestellt haben, die Emotionales bezeichnen (von »Unterhaltung« bis »Erschütterung«). Im Kapitel »Herz und Verstand« wurde dies

ja schon unter kommunikationspsychologischen Gesichtspunkten behandelt.
Wie aber erzeugt man die durchaus wünschenswerte, ja notwendige emotionale Wirkung unserer Argumente? Dafür hält die Rhetorik sogenannte »Figuren« bereit. Da wir in den uns interessierenden Bereichen kaum »schöngeistig« argumentieren werden, habe ich unter der Vielzahl der Figuren diejenigen ausgewählt, die interessant sind
– für die Komposition der Argumentation
– für die psychologische Stützung der Argumentation
– für die sprachliche Bereicherung der Argumentation

19.1. Figuren zur Komposition der Argumentation

Damit sind die Figuren gemeint, die der Gliederung, dem Aufbau der Argumentation oder einzelner Argumente dienen, so daß die Darstellung möglichst effektvoll ist.
1. »Durch die *Antithese* schleicht sich der Irrtum zur Wahrheit.« (Nietzsche)
Nun, man braucht nicht vom Irrtum auszugehen, um einen wirkungsvollen Gegensatz (griech. Antithese) zu erzielen, um endlich zum überzeugenden Schluß zu gelangen.
Aber ein Prinzip, das die Argumentation spannend macht, ist das raffinierte Gegenüberstellen von Gegensätzen allemal. Kontraste schaffen scharfe Trennlinien und Konturen.
Vorsicht vor grober Vereinfachung ist allerdings geboten (unglaubwürdige Schwarz-weiß-Malerei)!
»Sie können natürlich den herkömmlichen Ablauf-Verschluß nehmen: ein einfacher Hartgummistopfen, der an einem Kettchen baumelt. Aber sehen Sie sich dagegen den in die Mischbatterie eingebauten Exzenter an: eine moderne, praktische, ästhetisch elegante Lösung!«
So können Sie das, wofür Ihre Argumentation plädiert, in ein besseres Licht setzen (Licht-Schatten-Wirkung).
2. Sie sollen nicht theatralisch argumentieren, aber ein Gesetz der

Dramaturgie ist auch für die Argumentation von Bedeutung: das Zusammendrängen bedeutsamer Momente auf einen Höhepunkt und das Aufsparen der entscheidenden Wirkung auf den Schluß. Also *Steigerung* (griech. lat. *Klimax*): vom weniger wichtigen zum wichtigeren, vom schwachen zum starken Ausdruck.

»Sie haben damit... das bringt Ihnen... zudem sparen Sie... und vor allem: ein Markenprodukt, für das wir Ihnen nicht nur ein Jahr, sondern zwei Jahre Garantie geben!«

3. Ich will Sie nicht zur Übertreibung ermuntern – aber »Klappern gehört nun einmal zum Handwerk!« Ihre Argumentation gewinnt an Bildhaftigkeit, je besser Sie ein Argument auszumalen verstehen. Erweitern Sie einen Aspekt mit mutigem Pinselstrich und scheuen Sie dabei nicht die *Häufung* (lat. *Aplifikation*) der für Ihr Argument günstigen Details.

»...mit ergonomisch ausgefeiltem Design: leicht, schlank, der Hand genau angepaßt.«

4. Sie sollen dem Gesprächspartner nichts vorgaukeln, nicht so tun, als ob Ihr Argument alles und jedes abdecken würde, als ob ihm eine gewisse Totalität eigne.
Aber Sie sollen es auch nicht unter Wert »verkaufen«. Versuchen Sie mit einem guten Argument soviel Boden zu gewinnen wie möglich.
Bedienen Sie sich dazu der *Paar-Bildung*.

»Ein Spitzenprodukt von höchster Qualität und Markenartikel zum Niedrigpreis!«

5. Aus Filmen kennen Sie den dramaturgischen Kniff des *Vorgriffs*: Wir erfahren als Zuschauer zu Anfang, wie es ausgegangen ist, und bekommen in Rückblenden dann vorgeführt, wie es dazu kam. Oder der böse Ausgang wird im Vorgriff angedeutet, um so unsere Neugierde zu wecken: Wird es wirklich dahin kommen, oder ist es noch zu verhindern dank einer glücklichen Wendung? Damit kann man sein Publikum ganz schön bei der Stange halten. Und das wollen Sie mit Ihrer Argumentation ja auch.

»Stellen Sie sich vor: Ihre Produktionsstätten sind abgebrannt, der Maschinenpark vernichtet. Sie haben keine Ausweichmöglichkei-

ten. Sie können Ihre Lieferverpflichtungen nicht einhalten und verlieren Ihre Kunden an die Konkurrenz. Wie wollen Sie Ihre weiterlaufenden Verpflichtungen da noch bezahlen?
Sehen Sie, all dies kann Ihnen passieren, wenn Sie keine Feuer-Betriebsunterbrechungs-Versicherung abschließen wollen.«*

6. Wie der Vorgriff, so sollte auch der *Rückgriff* als kompositorisches Element in Ihrer Argumentation nicht fehlen.

Die Aufnahme- und Merkfähigkeit Ihres Gesprächspartners ist begrenzt; im Verlauf der Argumentation kann da der eine oder andere Punkt schon verlorengegangen sein.

So wird am Ende jeder Argumentationsphase und auch als Abschluß eine Zusammenfassung stehen, die auf das bereits Gesagte zurückgreift.

»Ich darf die genannten Punkte noch einmal zusammenfassen… Ich darf noch einmal wiederholen, worin wir bisher Einigkeit erzielt haben… Ich darf abschließend resümieren…«

7. Sie sollen den Gesprächspartner nicht auf Nebengeleise (ver-)führen, um ihn vom eigentlichen Thema abzulenken, wenn Ihre Argumentation schwach ist oder stockt. Das Abschweifen schadet letztlich der Bündigkeit Ihrer Argumentation, und Sie verfehlen womöglich Ihr Ziel.

Und doch ist auch ein *Ausflug* oder *Streifzug* (lat. *Exkurs*) als nützliches kompositorisches Mittel denkbar: Ihre Argumentation wird womöglich in einen unerwarteten Zusammenhang gebracht, aus einer anderen Perspektive betrachtet, neu beleuchtet.

*»Ja, unsere Probleme mit dem Finanzamt! Haben Sie Lust, zu viele Steuern zu bezahlen? – Und wer hilft Ihnen, die Möglichkeiten der Steuerersparnis auszuschöpfen? Ihr Steuerberater. Das erwarten Sie von ihm, dafür bezahlen Sie ihn.
So ähnlich können Sie unsere Dienstleistung als Versicherungsmakler für Sie sehen; auch wir sorgen dafür, daß…«*

8. »Möchten Sie die kleine Dose oder nehmen Sie lieber die große Dose?«

Eine so gestellte Alternativfrage drängt zur Entscheidung, indem sie unterstellt, daß der Kunde das Produkt in jedem Fall kaufen wird.

Es geht um keine substantielle, sondern nur um eine formale *Alternative*.
Ganz ähnlich ist die Argumentation gebaut, die letztlich für eine einzige Sache wirbt und dabei nur eine (möglicherweise verwirrende) Vielfalt der Bezeichnung anbietet.

»Ganz gleichgültig, ob Sie nun bohren oder schrauben wollen, ob Sie Holz oder Metall bearbeiten, mit Netzanschluß oder Akku arbeiten wollen – diese Elektro-Bohrmaschine ist für jeden Einsatz geeignet.«

19.2. Figuren, die die Argumentation psychologisch stützen

Um zu überzeugen, die »Seelen zu verwandeln« (Cicero), genügt nicht nur das Belehren; hinzukommen müssen das Erfreuen und Bewegen.
Natürlich soll sich in der Argumentation die Beweisführung und Darstellungsweise an Vernunft und logisches Denken richten.
Natürlich ist das bewußte Zielen auf die Affekte des Gesprächspartners etwas Zwiespältiges, ja es kann etwas Verführerisches und Gefährliches sein. Manipulation und Agitation sollten unsere Sache nicht sein. Wenn wir aber Argumentation verstehen als ein Verfahren, das nicht nur die eigenen Ziele verfolgt, sondern immer auch die berechtigten Interessen des Gesprächspartners mitbedenkt, dann ist das bewußte Ansprechen seiner Gefühle, d. h. auch seiner Bedürfnisse und Wünsche, nicht nur legitim, sondern notwendig. Denn gegen seine Bedürfnisse läßt sich letztlich kein Mensch motivieren.
Die Argumentation soll daher auch rhetorisch deutlich machen: Es geht letztlich (auch) um dich!

1. Die wichtigste Figur, die die Argumentation psychologisch stützt, ist das *»tua res agitur«* – es geht um deine Sache!
Sie steht gewöhnlich am Anfang der Argumentation (siehe auch: »Argumentierende Kurzrede in fünf Sinnschritten«). Der noch unvorbereitete Gesprächspartner, der der Argumentation allein von daher noch gar nicht aufgeschlossen gegenüberstehen kann

(»Worum geht's überhaupt?«), will sich ganz persönlich angesprochen fühlen. Man muß ihn schon ein bißchen aufrütteln. Und was ist da wirksamer als die Verdeutlichung: Hör 'mal, das betrifft dich?! Betroffenheit ist Vorraussetzung dafür, daß Änderungsbereitschaft entsteht, daß träges Beharren umschlägt in Aktivität.
Und genau das wollen wir mit unserer Argumentation ja erreichen.
Doch Vorsicht: Druck erzeugt Gegendruck. Wenn die Betroffenheit zu groß wird, die aus der Argumentation abgeleitete Konsequenz zwar als richtig, aber nicht als erfüllbar empfunden wird, dann kommt es zum Ausweichmanöver.
Argumentieren Sie positiv, zeigen Sie dem Gesprächspartner möglichst immer seinen persönlichen Nutzen auf.
Gerade im Akquisitionsgespräch, wenn es gilt, den potentiellen Kunden für das Angebot zu interessieren, muß die Nutzenargumentation schon mit dem ersten Satz beginnen:

- »Es geht um Ihre Sicherheit.«
- »Es geht darum, Ihnen einen Wettbewerbsvorteil zu verschaffen.«
- »Es geht um Ihre Möglichkeiten der Kostensenkung.«
- »Es geht um Ihre Chance der Umsatzsteigerung.«
- »Was ich Ihnen zu zeigen habe, spart Ihnen...«
- »Was ich Ihnen anbiete, bedeutet für Sie...«
- »Mein Angebot verbessert (erhöht) Ihre...«
- »Mein Angebot bringt (sichert) Ihnen...«

Der Gesprächspartner wird also mit »Sie/Ihr/Ihnen« sofort ins Zentrum der Argumentation gerückt, wodurch er natürlich auch eine persönliche Aufwertung erfährt. Wer sich im Zentrum sieht, hat ein geneigtes Ohr.
Die Wahrheit Ihrer Argumentation ist nicht nur eine Angelegenheit Ihrer Argumente – sie ist vielmehr eine Angelegenheit der Attraktion, der Anziehung. Und wovon fühlt man sich mehr angezogen als von dem Eindruck: es geht um mich? – Die Verkaufspsychologie hat dafür die Argumentationsformel »AIDA« entworfen:

- attraction
- interest
- desire
- action

»Anziehung« und »Interesse« müssen zuerst gewährleistet sein, bevor man für die Sache selbst argumentieren kann.

2. Man kann allerdings auch »*medias in res*« gehen. Das heißt der Verhandlungsgegenstand wird ohne Umschweife genannt. Es ist eine Art »Sprung ins kalte Wasser«. Ob dies die Argumentation psychologisch aber wirklich unterstützt? Der Überrumpelungseffekt mag erreichen, den Gesprächspartner »auf dem falschen Fuß« zu erwischen. Aber was wäre das Ergebnis? Wollen Sie wirklich überrumpeln, statt zu überzeugen? Ich kenne Bücher, die dazu anleiten. Ich halte nichts davon. Weil ich glaube, daß für die Dauerhaftigkeit einer privaten oder beruflichen Partnerschaft die Beachtung des Fairneßgebotes auch in der argumentativen Auseinandersetzung entscheidend ist (siehe auch: »Unfaire Dialektik«).

Die Akzeptanz Ihrer Argumentation hängt entscheidend davon ab, ob Sie vom Gesprächspartner menschlich akzeptiert werden. Die Sachargumentation muß fußen auf einer positiven Beziehungsebene.

Ist diese nicht gegeben, besteht eine Kommunikationsstörung. Dies ist für Ihre sachliche Argumentation ein Störfaktor, der – so er nicht erkannt und behoben wird – ein positives Ergebnis verhindert.

Ich plädiere nicht für Harmonie um jeden Preis. Sie müssen aber wissen, daß ein Ergebnis, das Sie gegen die Gefühle des Gesprächspartners, allein gestützt auf Ihre Sachargumentation, durchgesetzt haben, immer gefährdet ist:

- Die Diskussionsrunde bricht auf und denkt: Recht hat er zwar, aber ich mag ihn nicht und werde ihm auch nicht folgen.
- Der Mitarbeiter verläßt das Zimmer und denkt: Sachlich war er zwar im Recht, aber ich habe keine Lust, es diesem fiesen Typ zuliebe auch zu tun.
- Der Partner schmollt und denkt: Immer will er recht behalten; er hat diesmal ja auch recht – aber ich laß mich doch nicht so dominieren!

Zusammengefaßt: Wer sich »medias in res« begibt, läuft Gefahr, nicht auf optimale Weise im gemeinschaftlichen Argumentenaustausch (einem Spiel von Fragen und Antworten) die für die Beteiligten befriedigende Antwort zu finden.
Sehen wir in dieser Figur also besser ein aufschlußreiches Negativbeispiel!
Etwas anderes ist es, wenn wir im geschäftlichen Bereich einander bereits gut kennen und aufgefordert werden: »Kommen wir gleich zur Sache!« Aber selbst dann ist nach aller Erfahrung ein – wenn auch noch so kurzes – Ritual vorausgegangen, um eine positive Beziehungsebene herzustellen.

3. Eine Argumentation, die gleich zu Anfang verspricht, kurz und bündig zu sein, schafft beim Gesprächspartner (vor allem beim von Terminen gehetzten Manager) immer gute Laune. Man darf diese Figur der *brevitas (Kürze)* aber nicht rein rhetorisch benutzen; der nachfolgende Dauermonolog würde einem arg verübelt werden!
Die psychologische Wirkung des Versprechens von Kürze und Prägnanz resultiert aus der Hoffnung des Zuhörers, zumindest nicht zeitlich überstrapaziert zu werden.
Der Bitte »Geben Sie mir drei Minuten.« – »Ich brauche nur fünf Minuten, um ...« wird daher in aller Regel bereitwillig stattgegeben. Eine zeitlich geraffte Argumentation (es handelt sich dann meist ja um eine Kurzpräsentation), die von Kürze und Prägnanz gekennzeichnet ist, dient nicht nur der Zeitersparnis, sondern – was psychologisch noch wichtiger ist – der Verständlichkeit. Dazu erhalten Sie ausführliche Hinweise im Kapitel »Argumentierende Kurzrede in fünf Sinnschritten«.
Kürze und Prägnanz aber dürfen nicht wirken als »kurz angebunden«. Ist der Gegenstand der Argumentation kompliziert, muß ihr entsprechend Raum gegeben werden, wenn ihre Verständlichkeit nicht leiden soll.

4. »Zum Denken sind wenige Menschen geeignet, obwohl alle zum Rechthaben«. Man muß mit dieser Feststellung Schopenhauers nicht restlos übereinstimmen, aber ein bißchen *Bescheidenheit (humilitas)* auch beim Argumentieren ist sicher angebracht und förderlich. Der auftrumpfende, der selbstgewisse, von seinen

eigenen Argumenten völlig eingenommene Rechthaber ist eine höchst unsympathische Figur. Mag er noch so intelligent sein – wenn er penetrant seine dialektische Überlegenheit demonstriert und seine so unwiderleglich stichhaltigen Argumente wie Stiche in unser Selbstwertgefühl setzt, dann fühlen wir uns ihm gegenüber nicht mehr »okay«, d. h., wir sind auch nicht bereit zu sagen: Du mit deinen Argumenten bist okay. Wir werden versuchen, diesen Kerl unsachlich zu übertrumpfen oder vor ihm zu flüchten.

Bescheidenheit meint hier nicht: Sich selbst ein bißchen kokett herabzusetzen, um dem Selbstwertgefühl des Gesprächspartners zu schmeicheln. Bescheidenheit in der Argumentation meint eine Grundhaltung gegenüber dem Gesprächspartner:
– Ich respektiere und anerkenne deine Meinung.
– Ich habe dir gegenüber keine Vorurteile.
– Ich habe Geduld und kann dir zuhören.
– Ich trage mit zu einer Atmosphäre des gegenseitigen Vertrauens bei.
– Ich helfe Hemmungen abzubauen.
– Ich kann die eigene Person zurückstellen.
– Ich kenne meine eigenen Grenzen.

5. Mit dem vorigen eng verbunden ist das *Zugeständnis*. Auch diese Figur, an den Anfang der Argumentation gesetzt, kann natürlich bloß kokett oder rein taktisch gedacht sein; es ist dann ein Schein-Zugeständnis, als solches eng verwandt mit der Einwandbehandlungsmethode »Ja – aber«. Es gibt allerdings nichts Nervtötenderes als die mit einem stereotypen »Nein« beginnende Argumentation: »Nein, das siehst du völlig falsch.«
»Wir lieben die Menschen, die frisch heraussagen, was sie denken – falls sie das gleiche denken wie wir.« (Mark Twain) Daraus könnte man ableiten, daß es taktisch klug sei, den Leuten nach dem Mund zu reden, sie argumentativ immer nur in ihrer eigenen Meinung zu bestärken. Wir kennen dies von Politikern, die dem Populismus – leider erfolgreich – frönen.
Nein, die Wahrheit liegt – wie so oft – in der Mitte:
Der prinzipielle, totale Widerspruch und das konfliktscheue immer nur »Ja«-Sagen – beides ist dem Erkenntnisgewinn durch Argumentation abträglich.

Wenn sich der Gesprächspartner grundsätzlich angenommen fühlt (»Du bist okay«), wird er sachlichen Widerspruch ertragen. Unser Zugeständnis sollte darin bestehen, daß wir dem Gesprächspartner immer wieder – mag die Argumentation noch so kontrovers verlaufen – rückmelden: Ich nehme deine Argumente ernst, ich anerkenne deine Gründe, ich stimme dir offen zu, wo ich dir zustimmen kann. Ich bin bereit, mich von deinen Argumenten überzeugen zu lassen.

Nur so haben wir die Chance, die Argumentation offen zu halten für die beste Lösung.

Und auch hier gilt: Wenn mein Gegenüber spürt, daß er/sie Gesprächs*partner* ist, wird er/sie mir meine guten Gründe zugestehen.

Und dies in allen Gesprächssituationen – nur nicht im Kampfgespräch. Aber das ist ein Fall, der nicht Gegenstand dieses Buches ist.

19.3. Figuren, die die Argumentation sprachlich bereichern

»Der Mensch ist nun einmal durchaus sinnlich. Das Abstrakte fesselt seine Aufmerksamkeit nicht, er kann nicht lange dabei verweilen. Man muß das Geistige versinnlichen, bildlicher Ausdrücke sich bedienen, damit seine Aufmerksamkeit haftet.« (Fénélon)

»Richtig sprechen heißt, richtige Bilder schaffen.« (Pascal)

»Um sich begreiflich zu machen, muß man zu den Augen reden.« (Herder)

Es geht nicht um l'art pour l'art. Behauptungen gewinnen durch eine bilderreiche Sprache an Lebenskraft. Der »Schmuck« Ihrer Argumentation durch einzelne Wörter und Wortstellungen soll Ihrer Zielsetzung und dem Nutzen Ihrer Sache dienen. Er soll die Elemente Ihrer Argumentation *amplifizieren* (d. h. erhöhen und verschönern).

Ich habe für Sie die gut erkennbaren und leicht zu reproduzierenden Figuren ausgewählt. Sie sind hier in alphabetischer Reihenfolge wiedergegeben.

Bitte keine »Schwellenangst«: Überspringen Sie einfach die teilweise schwierigen, meist griechischen Bezeichnungen, und Sie werden sehen: Dahinter stehen sehr lebendige, anschauliche Sprachgebilde.

Allegorie
Ein Gedanke wird in ein Bild übertragen; sein Sinn wird zum Sinnbild. Das »Augentier« Mensch will sehen, um überzeugt zu sein:

»Warum kommen wir in dieser Frage nicht voran? – Weil wir vor lauter theorie-grauen Bäumen den grünen Wald des praktischen Fortschritts nicht mehr sehen!«

Alliteration
Eine Wiederholungsfigur auf der Lautebene: Derselbe Konsonant oder Vokal kehrt am Wortanfang an mehreren Stellen eines Satzes wieder; dadurch erhält Ihr Argument Rhythmus:

»Milch macht müde Männer munter.«

Allusion
Das Argument bleibt unausgesprochen, versteckt hinter einer Anspielung. Nun hat der Gesprächspartner etwas »zum Denken«. Mit dieser Taktik können Sie sich bedeckt halten, wenn alles zu sagen ein zu hohes Risiko wäre. Und gegen Ihr Schweigen gibt es kein Gegenargument:

»Sie wissen schon, was ich damit meine.«

Anadiplose
Wiederholung des letzten Wortes (der letzten Wörter) eines Satzes zu Beginn des nächsten Satzes. Dient der Verstärkung des Kernbegriffs Ihrer Argumentation.

»Vollwertkost ist ein Geschenk der Natur. Natur – das ist Kraft, Gesundheit, Schönheit, Leben!«

Anapher
Ebenfalls eine Wortwiederholung. Jetzt aber zu Beginn aufeinan-

derfolgender Sätze. Die Argumentation gewinnt damit an Eindringlichkeit:

»Ich fordere die Sperrung für den Durchgangsverkehr. Ich fordere Tempo 30. Ich fordere die Kennzeichnung als ›Spielstraße‹.«

Aposiopese
Sie brechen Ihre Argumentation ab, bevor Sie das Wichtigste nennen. Ihr Verschweigen fordert vom Gesprächspartner das selbständige Weiterspinnen des Gedankens in Ihrem Sinne:

»Ja, wenn Sie sich dafür entscheiden würden, dann allerdings…«

Apostrophe
Argumentieren heißt letztlich immer Appellieren: Ändere deine Meinung, teile meine Meinung, handle danach!
Die Apostrophe ist gesteigerte Anrede, intensivierte Hinwendung. Sie betont noch einmal die Einbeziehung des Gegenübers in die Argumentation:

»Sie, meine Damen und Herren, Sie als die Führungskräfte des Unternehmens, Sie als die Entscheidungsträger, auf deren Urteil es letztlich ankommt…«

Asyndeton
Unmittelbare Verbindung von Sätzen oder Satzgliedern; keine Bindeworte. Das gibt der Argumentation Schwung und Tempo:

»Kein Vorreinigen, kein Wischen, kein Trocknen. Alles wie von selbst.«

Aufzählung
Ein Gedanke (Thema) wird durch das Aufzählen einer Reihe von Einzelheiten vermittelt. Das Thema kann dabei voran- oder nachgestellt sein. Im letzteren Fall ruft Ihre Argumentation eine Art »Aha«-Erlebnis hervor:

»Licht, Luft, Feuchtigkeit, Stoß oder Druck, nichts kann sie erschüttern – in Dosen verpackte Ware.«

Bekräftigung
Das Kernwort des Arguments wird gleich als doppelte Stütze eingesetzt:

»Ein Sonderangebot, ja, ein Sonderangebot, wie Sie es nur bei uns finden!«

Chiasmus
Kreuzstellung zweier Satzglieder oder zweier Sätze. Eignet sich besonders, um das Gegensätzliche von Aussagen sprachlich hervorzuheben:

»Groß war die Erwartung, das Ergebnis ist klein.«

Commoratio
Ein Gedanke erfährt Weiterungen. Besonders geeignet bei einer Präsentation, die mit den verschiedensten Aspekten argumentiert und alle Sinne darauf lenkt:

»Sie halten das Glas.
Kann ein Wein kräftiger leuchten?
Sie atmen den Duft.
Gibt es etwas Verlockenderes?
Und nun der erste Schluck.
Was für ein fruchtiger Geschmack!«

Conduplicatio
Die (wörtliche) Wiederholung eines Ausdrucks erhöht die Eindringlichkeit Ihres argumentativen Appells:

»Haben Sie auch bedacht, haben Sie auch wirklich bedacht...«

Correctio
Sie verbessern selbst einen Ausdruck, der Ihnen zu schwach erscheint. So nehmen Sie für Ihr Argument einen doppelten, sich steigernden Anlauf:

»Wir müssen deshalb darauf achten, ja dringlich darauf einwirken, daß...«

Dialogismus
Dem Vortrag der Argumentation eignet ja etwas Monologisches. Sie sind es, der jetzt redet. Der Gesprächspartner hat die Rolle des Zuhörers. Und nur zuhören dürfen oder müssen ist gar nicht so einfach.
Sie können eine monologische Passage auflösen in ein fingiertes Frage- und Antwortspiel, um Ihrer Argumentation dialogischen Charakter zu geben und so die Spannung zu erhalten:

»Stellen Sie sich vor ... Wie sähe das dann aus? ... Betrachten Sie einmal ... Sehen nicht auch Sie ...?«

Ellipse
Eine Form von Aussparung durch Weglassen von Redeteilen in einem Satz. Logischerweise betrifft die Auslassung das weniger Wichtige. Das bedeutet Konzentration auf das Wesentliche. Das Argument wird – möglicherweise im Telegrammstil – kurz und bündig vorgetragen:

»Ihre Sicherheit – unsere Aufgabe!«

Emphase
Emphatisches Sprechen geschieht durch besonders betontes Sprechen, um schon allein dadurch dem Hörer die besondere Bedeutung der Worte zu belegen.
Als rhetorische Figur bedeutet Emphase die überhöhte Bedeutung eines Wortes, wodurch etwas Superlativisches mitschwingt:

»Das nenne ich ein Angebot!«
»Das ist die Lösung!«

Epiphrase
Sie tragen ein Argument als vollständige Satzeinheit vor. Dann hängen Sie einen nicht vollständig formulierten Zusatz an. Der weiterführende Gedanke ist angerissen, Ihr Gesprächspartner ist motiviert, ihn selbständig zu vervollständigen. Sie dialogisieren:

»Daraus erkennen Sie: Ihr eventueller Schadensfall ist für uns als Versicherungsmakler kein Problem. Im Gegenteil!«

Epitheton
Das beigefügte Eigenschaftswort in doppelter oder dreifacher Ausführung kann zum Schwulst führen, der die Glaubwürdigkeit Ihrer Argumentation beeinträchtigt.
Die Beifügung des Adjektivs soll auch nicht zum Pleonasmus (Übermaß, Überfluß) führen (z. B. »weißer Schimmel«). Andererseits sollen Ihre Argumente keine Mauerblümchen sein. Geben Sie ihnen also ruhig eine ansprechende Farbe:

»Eine außergewöhnliche Spezialität dank edler Zutaten!«

Euphemismus
Vorsicht. Hier droht Schönfärberei. Und dies könnte der Glaubwürdigkeit Ihrer Argumente schaden. Wenn Sie einen unangenehmen Aspekt mit einem harmlosen Begriff versehen, könnte dies als bewußtes Täuschungsmanöver verstanden werden. Andererseits fördert Sprachpositivismus (»halb volles« statt »halb leeres« Glas) Ihren Argumentationserfolg:

»Dieses rein pflanzliche Darmmittel sorgt für Abhilfe, wenn etwas in Unordnung ist.«

Hysteron Proteron
Eine interessante dialektische Positionsfigur, weil sie Vorher und Nachher, Ursache und Wirkung in umgekehrte Reihenfolge setzt. Die ungewohnte Stellung verschafft dem Argument besondere Aufmerksamkeit:

»Das ist die optimale Lösung Ihres Problems! Weil von unseren Experten erarbeitet.«

Kette
Indem der folgende Satz einen Ausdruck des vorangehenden wieder aufnimmt, verstärkt sich der Eindruck einer logischen Schrittfolge. Wenn Sie dies noch in ein Frage-Antwort-Spiel einbringen, schreiten Sie in der Argumentation gemeinsam voran:

»Nun wollen Sie erfahren, was wir zur Lösung vorbereitet haben. Was also haben wir vorbereitet?«

Litotes
Wenn Sie eine Behauptung nicht gar so direkt aussprechen, sondern etwas vorsichtiger mit kleinem eigenen Vorbehalt formulieren wollen, dann empfiehlt sich die doppelte Verneinung (z.B. »nicht unwahrscheinlich«).
Wenn es gelingt, eine solche Formulierung mit einem gewissen ironischen Unterton vorzubringen, dann allerdings kann dies Ihre Meinung auf sanfte Art verstärken:

»Darf ich ganz nebenbei bemerken, daß es mir nicht ganz unmöglich erscheint, hier könne ein Trugschluß vorliegen.«

Metapher
Eine Metapher ist ein abgekürzter bildhafter Vergleich. Da Argumentation sich ja weitgehend abstrakt vollzieht nach den Gesetzen der Logik, ist es wichtig, immer zu versuchen, konkrete Ausdrücke für den abstrakten Gedanken zu finden, ihn bildlich zu übertragen. Das steigert die Vorstellungskraft des Gesprächspartners; es erleichtert ihm den Nachvollzug unserer Gedanken. Kein Wunder, daß die Metapher die beliebteste und am häufigsten gebrauchte rhetorische Figur ist.
»Das allergrößte ist es, metaphorisch zu sprechen. Ein guter Vergleich ist nämlich der Anschauung gleichzuachten« (Aristoteles):

»So verlieren wir uns im Gestrüpp der Nebensächlichkeiten. Je länger wir die entscheidende Frage vor uns herschieben, desto mehr lichtet sich der Wald möglicher Antworten.«

Paradoxon
Erhöhen Sie die Spannung Ihrer Argumentation, indem Sie Ihren Gesprächspartner hin und wieder mit einer nur scheinbaren Widersprüchlichkeit überraschen. Auf den ersten Blick denkt man: Das geht doch nicht zusammen! Und dann spürt man, wie gerade das Aufeinandertreffen der als gegensätzlich empfundenen Satzteile eine Pointe schafft und die Aussagekraft erhöht:

»Ihr Schweigen zu diesem Vorschlag empfinde ich als – sehr beredt.«

Parallelismus
Gleiche Worte stehen vor gleich geordneten Sätzen oder Satzteilen.
Es entsteht für Ihr Argument durch die konsequente Struktur der Eindruck besonderer Gradlinigkeit:

»Die Lösung für Sie, die Lösung für uns, die Lösung für alle Betroffenen.«

Paraphrase (Periphrase)
Sie sollen um die Dinge nicht drumherumreden, sondern sie beim Namen nennen. Das gilt für das Inhaltliche auf jeden Fall.

Ein komplizierter Sachverhalt aber bedarf schon einmal der verdeutlichenden Umschreibung:

»*Ihr Steuerberater löst Ihre steuerlichen Fragen. Ihr Rechtsanwalt löst Ihre juristischen Fragen. So ähnlich können Sie die Aufgabe eines Versicherungsmaklers sehen. Wir sind die Experten für Ihre Versicherungsfragen.*«

Pars pro toto
Der Teil für das Ganze. Eine Argumentation, die die Verkürzung auf den entscheidenden Teilaspekt anstrebt, wird sich dieser Figur bedienen:

»*Unser guter Name wird dafür sorgen, daß...*«

Personifikation
Durch die Vermenschlichung wird ein abstrakter Begriff blutvoll, bekommt Fleisch. Der Gedanke steht uns plötzlich leibhaftig gegenüber; so kommt er uns menschlich näher:

»*Die Lösung springt doch ins Auge; sie scheint förmlich zu rufen: Mein Gott, sieht mich denn keiner!*«

Pleonasmus
Also die »Holzhammermethode« ist für differenziertes Argumentieren sicher ungeeignet. Überflüssige Häufung sinngleicher oder sinnähnlicher Ausdrücke kann den Gesprächspartner nerven. »Wir müssen einander gegenseitig immer wieder von neuem« – das ist hohles Wortgeklingel.
Pleonasmus wird zur Tautologie, wenn wir z.B. vom »weißen Schimmel« reden.
Dennoch kann die Argumentation an Eindringlichkeit gewinnen, wenn sie mit pleonastischen Einsprengseln durchsetzt ist:

»Ich persönlich *werde mich ganz und gar* dafür einsetzen, daß Sie *mit eigenen Augen sehen* können...«

Rhetorische Frage
Der Trick der rhetorischen Frage besteht darin, daß sie – scheinbar fragend – etwas besonders nachdrücklich aussagt. Wer fragt, der führt das Gespräch. Wer allzu viel rhetorisch fragt, der manipuliert

das Gespräch! Und dies kann für Ihre Argumentation und Ihren Erfolg zum »Schuß nach hinten« werden. Zweifellos kann die rhetorische Frage aber die Argumentation dynamisch vorantreiben:

»Kann das denn die Lösung sein? Finden Sie es nicht auch sinnvoller, wenn...?«

Synästhesie
Je mehr Sinnesorgane angesprochen werden, desto eindringlicher die Wirkung. Was man nicht nur hört, sondern gleichzeitig auch sieht, schmeckt, fühlt, das reizt und überzeugt uns mehr.
Nun kann man rein sprachlich mehrere Sinnesgebiete so miteinander mischen, daß man auch bei abstrakter Argumentation den gewünschten Effekt erzielt:

»Wir sollten das Problem möglichst unauffällig aus der Welt schaffen. – Ich denke, das ist eine sehr leise Lösung, eine Lösung, die alles Grelle meidet.«

Synonyme
Manchmal ist es schwer, ein Argument auf den Begriff zu bringen. Jedes gefundene Wort scheint uns zu schwach, nicht treffend genug, weil nur einen Teilaspekt umfassend.
Dann hilft die Kombination sinnverwandter Wörter, um den Sinnkern regelrecht einzukreisen. Zudem wird durch das formale Umkreisen die zentrale Bedeutung des Arguments verstärkt:

»Das ist eine außergewöhnliche, besondere Betrachtungsweise, ganz und gar nicht die übliche Art...«

ÜBUNG

A. *Analysieren Sie die rhetorischen Figuren in den folgenden Werbetexten. (N. B.: Werbetexte sind komprimierte Argumentationen)*

1. Es gibt viele preiswerte SB-Warenhäuser. Sie tragen alle den gleichen Namen – GLOBUS
2. NESCAFE presso presso
   Klein, stark, schwarz
3. NISSAN Automobile, tadellos
4. Das POSTSPARBUCH ist ein sicheres Polster.
5. Typisch KIM
   Lang und schlank
   Geschmackvoll und leicht
6. Probleme mit trockener Haut? Erleben Sie die neuartigen Aufbaucremes von VICHY
7. Mit RECARO kommen Sie auf den neuesten Stand des Sitzens
8. POLAROID Sofortbildkamera. Sprechen Sie Polaroid!
9. Mit MELKA Herrenkleidung empfinden Sie ein gutes Stück Schweden
10. HB Zigaretten. Gut gelaunt genießen

B. *Versuchen Sie für Ihr Produkt, Ihre Dienstleistung, Ihre Überzeugung in einer bestimmten Sache, Ihr Hobby argumentativ zu werben. Benutzen Sie dabei möglichst viele der vorgestellten rhetorischen Figuren.*

Lösung zur Übung A: 1) Personifikation; 2) Asyndeton; 3) Ellipse; 4) Metapher; 5) Parallelismus; 6) Rhetorische Frage; 7) Paradox (Oxymeron); 8) Synästhesie; 9) Pars pro toto; 10) Alliteration.

20. Die Sprechweise als Argumentationsverstärker

Ich habe schon bei der nonverbalen, gliedernden Gestaltung des argumentierenden Sprechens den Ausdruck »Sinnschritte« verwandt. Dort ist es quasi »Kürlauf«; beim Sprechen selbst ist es Pflicht!
Vieles ist uns hier beim Erlernen der Muttersprache zugewachsen. Aber es läßt sich natürlich bewußt perfektionieren.
Gegliedertes, geordnetes Sprechen ist neben der Einfachheit von Wortwahl und Satzbau der beste Garant für die Wirkung unseres argumentierenden Vortrags.

1. Der Sinnschritt ist Atemeinheit
Wer aus sprachlicher Unsicherheit oder ungezügeltem Rededrang dauernd zwischenatmet, zerstört die Sinneinheiten, schwächt das Argument.
Wer atemtechnisch darauf achtet, bei den Fugen (zwischen zwei Sinnschritten) Luft zu holen, wird den gedanklichen Zusammenhang nicht unnötig zerreißen. Es ist nicht nötig, daß Sie einen umfänglichen Gedanken in einem Atemzug sprechen; wieviel Luft man hat, das ist individuell ja sehr unterschiedlich. Entscheidend ist nur, daß man ausschließlich bei einer Fuge unauffällig atmet.
Beim freien Sprechen ist es in aller Regel so, daß Sinnschritt-Länge und Atem-Länge einander entsprechen: Die Luftmenge, die wir beim gedanklichen Einfall einatmen, entspricht der Atemmenge, die wir für das Aussprechen des Vorgedachten benötigen.
»Ich denke, wir wollten zunächst einmal den Soll/Ist-Vergleich anstellen, um festzustellen, wo wir hinter der Planung zurückgeblieben sind.«
Dies ließe sich in einem Atemzug sprechen. Denkbar wäre aber auch ein unauffälliges Atmen hinter »anstellen« (also nach dem ersten Sinnschritt), ohne daß das Sinn-Ganze zerstört würde.
Sprechen Sie den Satz einmal laut mit willkürlichem Dazwischenatmen, und Sie werden merken, wie er an Bündigkeit und Zielstrebigkeit verliert:

»Der Soll/Ist-Vergleich hat doch ganz deutlich gezeigt, wo wir hinter der Planung zurückgeblieben sind.«

Wenn Sie diese Aussage durch wiederholtes falsches Zwischenatmen schwächen, dann verliert sie unweigerlich an Stringenz (Beweiskraft), obwohl kein gedanklicher Fehler vorliegt.

2. Dynamik durch Spannbogen
a) Jedes Unternehmen lebt vom Gewinn.
b) Wir sind ein Unternehmen.
c) Wir müssen Gewinn machen, um zu überleben!

Dieser Syllogismus besteht grammatisch aus drei selbständigen Sätzen. Und doch gehen sie beim Sprechen auf in einer umfassenden Einheit.

Sprechen Sie die drei Sätze einmal ganz getrennt, also mit Senken der Stimme zum Satzende und langer Pause nach jedem Punkt.

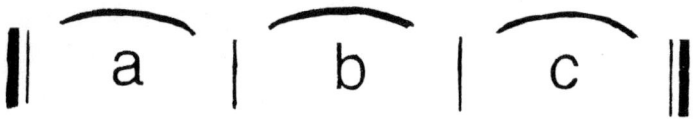

Was geschieht? Die Dynamik der Beweisführung geht verloren; die Stringenz (Beweiskraft) droht zu zerbröckeln; der Drive der Schrittfolge ist dahin. Sie haben logisch gedacht und wenig daraus gemacht.

Also: Ihre gedankliche Vorausplanung darf nicht kurzatmig sein, damit es nicht zur sprecherischen Kurzatmigkeit mit vielen »Löchern« kommt.

Die Beweisführung will bündig (mit aneinander gebundenen Sätzen) vorgetragen sein. Der Spannbogen muß die Einheit des Ausspruches wahren:

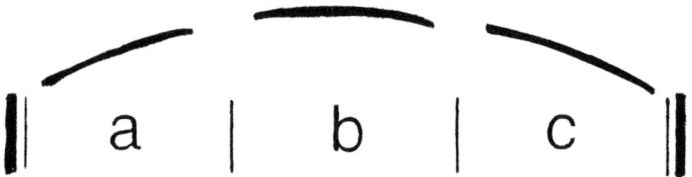

So erhält Ihre Aussage Zielstrebigkeit; alles strebt zum Zweck der Argumentation: »Leute, wir müssen uns mehr anstrengen!«

3. Gliederung durch Schwere (Betonung)

Wenn wir belanglos daherreden, begnügen wir uns mit geringen Abstufungen. Wenn wir zielgerichtet argumentieren, wird es darauf ankommen, jeweils den Sinnkern hervorzuheben. Das ist meist nur ein Wort. Wer alles betont (wie es bei Laienspielern zu beobachten ist), hebt nichts hervor.

In unserem Beispiel könnten wir den Nachdruck allerdings durch wachsende Betonung (ʹ schwach, • stark) von Satz zu Satz steigern:

          •   •   ʹ
    //... Gewinn / ... sind ... Unternehmen /

       ʹ   •   ʹ
    / ... Gewinn machen ... überleben //

4. Spannung durch Tempowechsel

Sie kennen das aus der Musik: Das accelerando, das allmähliche Steigern des Tempos, hat förmliche Sogwirkung.

Sie geben Ihrer Argumentation eine ähnliche Sogwirkung, wenn Sie tempomäßig zum Schluß drängen:

    //   a   /   b   /   c   //
    — ruhig → zügiger → schnell

Das umgekehrte Verfahren, also das allmähliche Retardieren (langsamer werden), kann genauso wirkungsvoll sein:

a) *Verluste sind eine schlimme Sache.*
b) *Wir haben Verlust gemacht.*
c) *Unsere Lage ist schlimm.*

    //   a   /   b   /   c   //
    — zügig → ruhiger → langsam

5. Betonung (Spannung) durch Pausen

Um einen Sinnkern besonders herauszustellen, ist die Pausentechnik besonders geeignet.

Besonders wirkungsvoll, weil spannungssteigernd, ist die Pause (V) vor dem Kernwort:

»Jedes Unternehmen lebt vom V Gewinn.«
Um den Sinnkern nachklingen zu lassen, ist auch die Pause danach wirkungsvoll.
Bewußt gesetzte Pausen zeigen an, worauf es Ihnen bei Ihrer Argumentation ankommt.

6. *Spannung und Entspannung durch die Sprechmelodie*
Nichts ist einschläfernder als Monotonie. Monoton heißt: alles wird auf einem Ton gesprochen. Ihre Argumentation wird eintönig. Was Ihre Argumentation braucht, sind spannungssteigernde, spannungshaltende und spannungslösende Elemente. Dies wird erreicht durch Steigton (╱), Schwebe (—) und Halbschluß (╲) oder Vollschluß (╲).
Unser erstes Beispiel könnte sprechmelodisch so aufgebaut werden:

// a / b / c //

Zuletzt: »Der Ton macht die Musik!«
Sprechen Sie den Satz »Sie sollten sich diesem Argument nicht verschließen«
a) mit offenem Blick und ruhiger Stimme – dann dominiert der Sachinhalt;
b) lächelnd, mit werbendem Ton – dann dominiert die Beziehung;
c) mit Schmollmund und nörgelndem Ton – dann dominiert Ihre Selbstoffenbarung;
d) mit senkrechter Stirnfalte und drohendem Unterton – dann dominiert der Appellcharakter.

Jetzt haben Sie die wichtigsten gliedernden und spannungsbildenden Elemente des Sprechens kennengelernt.
Nun sind Sie wieder an der Reihe.

ÜBUNG

Der nachfolgende Text ist eine Argumentation in fünf Schritten. Tragen Sie über den Zeilen die Zeichen für den mündlichen Vortrag ein. Dann sprechen Sie den Text gemäß Ihrer Notation. Sie werden merken, wie der zunächst recht spröde Text durch den Vortrag gewinnen kann!

⌢ Spannbogen
● starke Betonung
╱ schwache Betonung
V Pause
╱ Steigton
— Schwebe
╲ Vollschluß
╲ Halbschluß

1. Die A-Partei hat sich für die Zusammenlegung von Staatstheater und Landestheater ausgesprochen. Sie begründet dies mit dem Kostendruck, der auf dem Land lastet. Außerdem verweist sie auf die rückläufigen Besucherzahlen in den Abstecherorten.
2. Die B-Partei plädiert für die Selbständigkeit beider Theater. Nach ihrer Meinung zeuge die Zusammenlegung nur einen unproduktiven »Wasserkopf«. Zugleich drohe dem Land eine kulturelle Verarmung.
3. Führt man beide Standpunkte zusammen, dann hat man doch die Aufgabe, die sich uns stellt: Kostensenkung bei Erhalt des kulturellen Angebotes. Dies ist möglich.
4. Zur Lösung des Problems sehe ich eine dritte Möglichkeit: Staatstheater und Landestheater behalten weiterhin ihre Eigenständigkeit. Sie verabreden aber eine verstärkte Kooperation. Und das sowohl im Bereich der Technik als auch im Spielbetrieb (Gastspiele in den Abstecherorten). Dies ermöglicht die Reduzierung der Überstunden beim technischen Personal und die Verringerung der Produktionen.
5. Mein Vorschlag genügt der Forderung nach Kostensenkung und gewährleistet, daß dem Publikum auf dem Land das kulturelle Angebot erhalten bleibt. Ich bitte um Ihre Zustimmung.

21. Intensivierung der Argumentation durch die Körpersprache

Ohne Gefühlsansprache keine gedankliche Tiefenwirkung! Wer überzeugen will, muß auch Gefühle zeigen. – Auf seiner Italienreise notierte Goethe nach der Betrachtung von Leonardo da Vincis »Abendmahl«:
»Bei den Italienern ist der ganze Körper geistreich, alle Glieder nehmen Teil an jedem Ausdruck des Gefühls, der Leidenschaft, ja des Gedankens.«
Die Körpersprache verleiht also gleichzeitig dem Fühlen und Denken Ausdruck. Emotionaler und rationaler Gehalt Ihrer Argumentation erhalten so sichtbare Gestalt. Dieser Ausdruck macht Eindruck.
»Es liegt im Blick und in der Haltung eine Beredsamkeit, die nicht weniger überzeugt als die Beredsamkeit des Worts.« (La Rochefoucauld)
Sie wollen überzeugen, mitreißen, begeistern. Vertrauen Sie auf die positive Wechselwirkung (Nicht nur Lachen ist ansteckend): Jede positive körpersprachliche Botschaft fordert die positive Anteilnahme Ihres Gesprächspartners heraus. Setzen Sie also dieses Steuerungsinstrument ein in einer Ihrer Argumentation angemessenen Weise! Dies heißt, den Text nonverbal zu inszenieren, ohne zu schauspielern.
(Eine umfassende, bildhafte Darstellung zum Thema »Körpersprache« finden Sie in: Bernd H. Reutler, Körpersprache im Bild).

Experiment I

Setzen Sie sich einem Gesprächspartner gegenüber. Bitten Sie ihn, Sie anzuschauen.
Dann stellen Sie ihm die folgende Aufgabe:
»Nennen Sie mir bitte zehn Tiere und ihre dazugehörige Tätigkeit. – Also z. B.: Der Hund bellt.«
Begleiten Sie die ersten zwei, drei Antworten mit wohlwollenden nonverbalen Rückmelde-Signalen (z. B. leichtes Kopfnicken).

Die offene partnerorientierte Haltung lädt dazu ein, Ihre Argumentation wohlwollend aufzunehmen und unterstützt Ihre Glaubwürdigkeit.

Illustratoren visualisieren Ihre Prämissen; sie legen optisch dar, wovon Ihre Überlegungen ausgehen. Ihre Argumentation erhält optische Plastizität.
Illustratoren helfen Ihnen selbst, die richtigen Worte zu finden; die Motorik kann der Motor für Ihre Wortfindung sein.

Die Gestik zeichnet den abstrakten Gedankengang nach und motiviert, ihm zu folgen. Sie gliedert optisch die einzelnen Sinnschritte – vom Denkansatz über den Gedankenverlauf zur Schlußfolgerung.

Gestik und Körperhaltung können der Dynamik Ihres Denkprozesses sichtbaren Ausdruck verleihen. Man spürt, wie ein wesentliches Argument auf den Begriff gebracht wird. Die körperliche Intensität verstärkt die argumentative Intensität.

Sie wollen den positiven Aspekt der Schlußfolgerung aus Ihrer Argumentation betonen.
Die angehobenen, leicht ausgestreckten Arme, die nach oben gerichteten Handflächen unterstützen Ihre abschließende Aufforderung zum kooperativen Handeln im Sinne Ihrer Argumentation.

Dann schalten Sie abrupt um auf stumme, abweisende Kritik (z.B. Oberkörper zurücknehmen, Stirne runzeln, Arme verschränken).
In aller Regel reagiert der Gesprächspartner sofort mit Verwirrung: »Stimmt das nicht? – Habe ich Sie falsch verstanden?« Zumindest gerät er ins Stocken und in deutlich zunehmende Verlegenheit.
Ihr abwertendes Feedback hat ihn emotional verunsichert und damit auch seinen Denkprozeß ins Wanken gebracht. Wenden Sie das Beispiel ins Positive:
Wir können durch körpersprachliche Signale wechselseitig den positiven Gang unserer Gedanken befördern!

Experiment II
1. Setzen Sie sich einem Partner in ca. vier bis sechs Meter Entfernung (»öffentliche Distanz«) gegenüber; zeigen Sie dabei eine gelöste Haltung. Schauen Sie den Partner dabei offen an.
2. Nach etwa zehn Sekunden rücken Sie mit Ihrem Stuhl bis ca. zwei Meter (»gesellschaftlich-geschäftliche Distanz«) an Ihren Partner heran. Schauen Sie ihn weiter an.
3. Nach weiteren zehn Sekunden rücken Sie noch dichter heran, so daß Ihre Knie die Knie des Partners berühren könnten (»intime Distanz«).

Sie werden beobachten:
– Ihr Partner wird zunächst Ihre Haltung imitieren (spiegeln) und ebenso gelöst dasitzen wie Sie.
– Ihr erstes Heranrücken kann schon zur ersten Abwehrreaktion Ihres Partners führen (z.B. Verschränken der Arme; Meidung des Blickkontaktes durch Senken oder Wegdrehen des Kopfes).
– Ihr dichtes Heranrücken wird erfahrungsgemäß zu einer heftigen Abwehrreaktion führen (z.B. abruptes Übereinanderschlagen der Beine oder sogar Aufstehen und Weggehen).

Für unser Thema heißt das:
Kein Mensch will unter fühlbaren Druck geraten. Es hat keinen Sinn, den Partner zur Argumentationsverstärkung körpersprach-

lich zu bedrängen. Das wird immer zu Ausweichmanövern führen. Wenn es die gesellschaftliche Konvention Ihrem Partner nicht erlaubt, einfach aufzustehen, dann wird sich seine Abwehrhaltung um so stärker gegen Ihre Argumente richten.
Bei allem Engagement – wahren Sie die Distanz!

»Beleidigungen sind die Argumente jener, die über keine Argumente verfügen«

22. Argumentationsstrategie zur Konfliktbewältigung

Wenn Ihr Gesprächspartner Ihnen einen Vorwurf macht (sei es im privaten oder beruflichen Bereich), so ist dies in aller Regel die Initialzündung für einen Konflikt (konflikteröffnender Sprechakt). Der Vorwurf Ihres Gesprächspartners geht davon aus, daß Sie
– etwas Falsches getan bzw. etwas Notwendiges unterlassen haben,
– für das fehlerhafte Tun bzw. für die Unterlassung verantwortlich (haftbar) gemacht werden können,
– sich bewußt fehlerhaft verhalten haben,
– mit Ihrem Fehlverhalten gegen die für beide Parteien geltende Norm verstoßen haben.

Ob der Vorwurf nun berechtigt oder unberechtigt ist – Ihre Argumentationsstrategie wird als Ziele verfolgen:
– Verhinderung der Konfliktverschärfung
– Sanktionsvermeidung
– Prestige-Erhaltung
– Konsensfindung

Die Technik des Übergehens oder partiellen Nichteingehens auf den Vorwurf wird Ihnen kaum gelingen; sie wäre in bestimmten Situationen (z. B. Reklamation) auch schädlich für Sie.

Wir wollen eine schwierige Situation annehmen: Der Vorwurf kommt von einem reklamierenden Kunden, bei dem Sie eine Sanktion (Aufkündigung der Geschäftsbeziehung) riskieren. Das heißt, die Sache, um die es geht, ist wichtig. Es liegt aber kein Verschulden Ihrerseits, sondern eher ein Verschulden Ihres Gesprächspartners vor.

Wie sehen grundsätzlich die Möglichkeiten der Reaktion in einem solchen Fall aus?

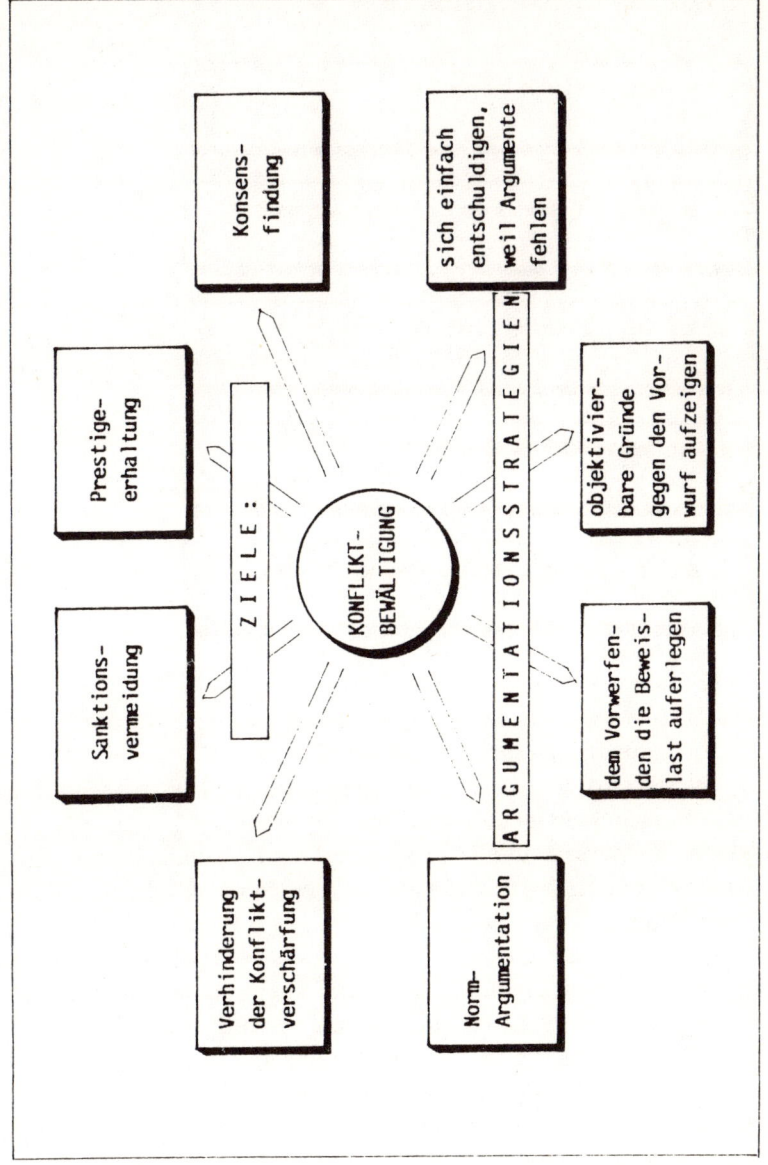

EINSCHÄTZUNG DER KONFLIKTSITUATION

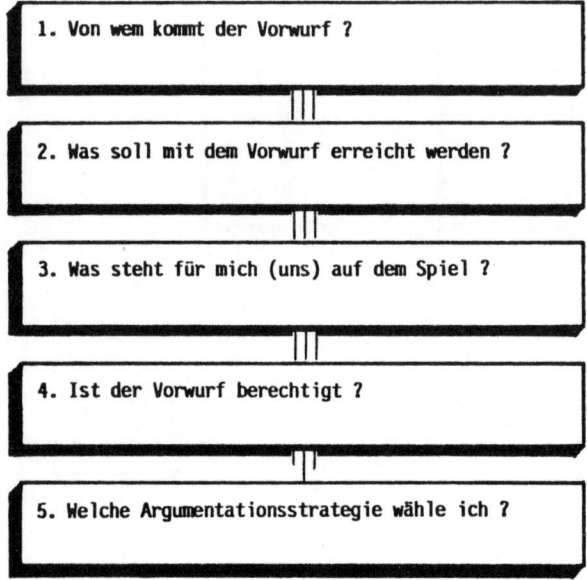

Sie können
- dem Vorwurf eine Norm-Argumentation entgegensetzen (»Bin ich verantwortlich für Ihre Fehler?«),
- dem Vorwerfenden die Beweislast auferlegen (»Wieso war dies ein Verschulden meinerseits?«),
- dem Vorwerfenden die objektivierbaren Gründe (eindeutige Kriterien) aufzeigen, die Anlaß für seinen unberechtigten Vorwurf sind
  (»Sie haben doch dies und das getan, was dazu geführt hat...«),
- sich einfach entschuldigen, was hier aber zur Konfliktbewältigung kaum ausreichen dürfte. Dennoch ist die formale Entschuldigung bei starker Sanktionsandrohung allemal ratsam.

In einer asymmetrischen Beziehung ist es schwer, die drei ersten Argumentationsstrategien konsequent zu verfolgen. Sie könnten auf pure Rechthaberei hinauslaufen, zumindest vom Gesprächspartner so empfunden und entsprechend negativ quittiert werden. Die Norm-Argumentation könnte vom Gesprächspartner gekontert werden mit Äußerungen wie

- Also, nun kommen Sie mir nicht so!
- Das sind doch nur Ausreden, um sich vor Ihrer Verantwortung zu drücken.
- Ihre Grundsatzdiskussion hilft mir kein bißchen weiter.
- Sie sind ein Prinzipienreiter.
- Mit dem, was Sie da jetzt als Grundsatz vorgeben, bin ich nicht einverstanden; ich bin da von anderen Erwartungen für unsere Zusammenarbeit ausgegangen.
- Sie verlassen unsere Geschäftsgrundlage.
- Natürlich ist es Ihre Sache...
- Ich glaube, ich höre nicht recht.
- Jetzt bin ich aber entsetzt.
- Das wäre ja noch schöner; das wird ja immer besser.

Versuchen Sie den Spieß umzudrehen, den Vorwurf zurückzugeben (»Bitte beweisen Sie mir, was ich falsch gemacht habe – der Fehler liegt doch bei Ihnen!«), dann wird Ihr Gesprächspartner wohl kaum seinen Vorwurf zurücknehmen, sondern insistieren:
- Was hätte ich denn anders tun können?
- Das ist nun wirklich nicht mein Problem.
- Wir mußten doch davon ausgehen...
- Ich darf doch wohl erwarten...
- Ich sehe überhaupt nicht ein...

Diese beiden Strategien führen also höchstwahrscheinlich zu Blockaden: Ihrer Argumentation aus einem kritischen Eltern-Ich-Zustand oder nörgelnden Kindheits-Ich-Zustand heraus wird genauso kritisch und nörgelnd begegnet.

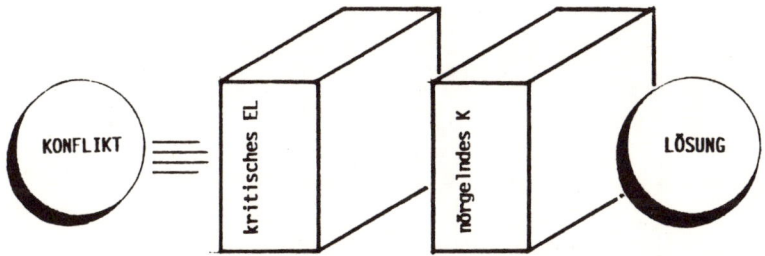

Blockaden gegen die Argumentationsstrategie

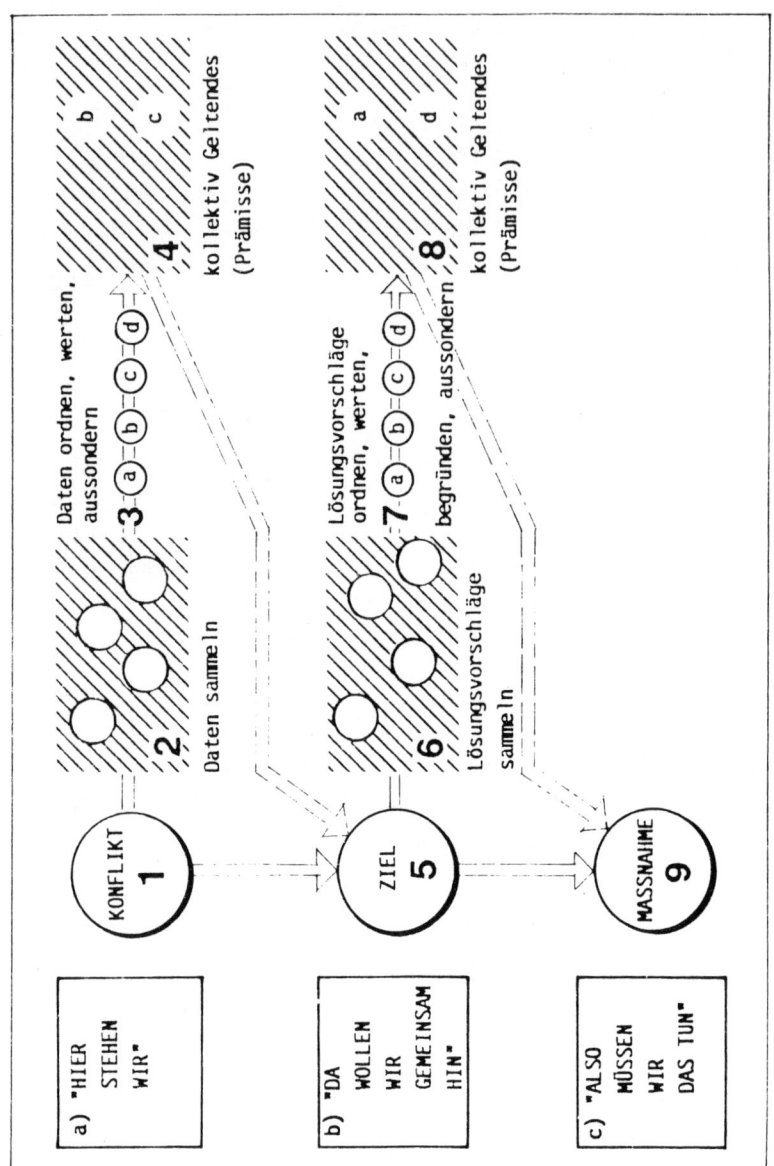

Bleibt uns also nur der dritte Weg: objektivierbare Gründe gegen den Vorwurf aufzeigen – mit dem Ziel einer Konsensfindung. Und um eines Sinnes zu werden, sollte der ganze Argumentationsprozeß kooperativ verlaufen (siehe Grafik S. 172).

1. Wie in jeder Argumentation ist mit der Definition zu beginnen, d. h. mit der Abgrenzung des Konfliktstoffes. Sodann ist der Gesamtkomplex aufzugliedern in Teilthemen, und es ist die Reihenfolge der Teilthemen zu bestimmen.

2. Es ist wichtig, daß jetzt die Gesprächspartner – in vereinbarter Reihenfolge – Gelegenheit haben, die Daten und Fakten zusammenzutragen, die ihrer Meinung nach den Ist-Zustand, den Konflikt, beschreiben. Dies soll auf jeden Fall wertungsfrei geschehen.

3. Erst der dritte Schritt klärt, wie die einzelnen Daten und Fakten zu ordnen (zueinander in Beziehung zu setzen) und zu werten sind: Taugen sie als gute Gründe für den weiteren Argumentationsprozeß?
Es empfiehlt sich, die Daten und Fakten aufzulisten und diejenigen, die man als Argumente für die Sache akzeptiert, mit einem (+) zu versehen. Was untauglich ist, wird gestrichen und wird nicht immer wieder hervorgekramt!

4. Jetzt ist für ein Teilthema (den Ist-Zustand) Gemeinsamkeit erreicht, ein gemeinsames Problemverständnis: Die verbleibenden, von beiden Seiten als gültig akzeptierten Daten und Fakten sind ein kollektiv Geltendes (in bezug auf die Gesprächspartner, den Zeitpunkt, die Sache). Dies dient uns gewissermaßen als erste Prämisse.

5. Oft ist es so, daß jetzt ein Hin und Her beginnt, was der eine vom anderen an Handlungen erwartet. Zunächst aber ist die Identität der Interessen festzustellen und ein gemeinsames Ziel (Alternativziel) festzulegen: »Da wollen wir gemeinsam hin. Wir haben ein gemeinsames Lösungsinteresse.«
Der Zielfindungsprozeß ist ein wechselseitiges Fragen und Antworten. Dabei müssen beide Gesprächspartner erklären, was für sie unverzichtbar, was wünschenswert, was verzichtbar ist.

Das gemeinsame Ziel wird also möglicherweise als ein Kompromiß zu formulieren sein.
In jedem Fall geht es um die Frage zukünftigen Handelns und nicht um Vergangenheitsbewältigung!

6. Die jetzt einzubringenden Lösungsvorschläge müssen Bezug haben zum vereinbarten Ziel; sie haben damit natürlich einen Selbstbezug und einen Partnerbezug. Um mehr geht es aber zunächst nicht.

7. Die Wertung der Lösungsvorschläge betrifft vor allem die Frage, ob sie für beide Seiten annehmbar sind; daraus resultiert, daß für die Lösungsvorschläge eine Begründungspflicht besteht.
Das Begründen kann durch Fragen aktiviert werden:
– Können Sie das begründen?
– Gilt dieser Lösungsweg auch in unserem Fall?
– Was können wir damit erreichen?
– Inwiefern ist das gut?
Da beide das Ziel ja kennen und als ein gemeinsames akzeptiert haben, wird sich keiner der Begründung seiner Lösungsvorschläge (Behauptungen, Ansichten, was man tun sollte) entziehen können.
Die Schlüssigkeit der Argumente deutet sich sprachlich an mit vorausgeschickten Begründungen:
   – falls ...
   – vorausgesetzt, daß ...
oder nachfolgenden Begründungen:
   – weil ...
   – daher ...
   – daraus ...
   – darum ...
   – demnach ...
   – folglich ...
   usw.

8. Durch die Begründung und Bewertung der Lösungsvorschläge ergibt sich eine Auslese: tauglich/untauglich; akzeptabel/nicht akzeptabel.
Die verbleibenden Vorschläge werden verstanden als kollektiv geltend: Damit können wir beide etwas anfangen.

Wir haben das zweite Teilthema abgehandelt. Das Ergebnis ist gewissermaßen unsere zweite Prämisse, die wir der Entscheidung vorausschicken.

9. Wir sind uns a) einig darüber, wo wir stehen und wie es dazu gekommen ist.
Wir sind uns b) einig darüber, wo wir hin wollen und welche Lösung die geeignetste ist.
Daraus folgt: Wir haben diese Maßnahmen zu vereinbaren und einzuleiten. Der Konflikt ist kooperativ gelöst.

Wichtig für das Gelingen dieses Argumentationsprozesses ist, daß der konfliktauslösende Vorwurf nur sachlich signalisiert: Hier besteht eine klare Meinungsverschiedenheit, hier ist etwas eindeutig strittig. Ist der Vorwurf gegen die Person selbst gerichtet, so wird deren Selbstwertgefühl angegriffen, und die daraus resultierende Kommunikationsstörung wird dem Argumentationsprozeß nachhaltig schaden.
Vermeiden Sie selbst also Vorwürfe
– als Mittel der Disziplinierung
 (»Wieso haben sie noch keinen Sachverständigen eingeschaltet?«),
– als Mittel der Positionsbehauptung
 (»An Ihrer Stelle wäre ich da etwas zurückhaltender!«),
– als Mittel der Kompromittierung
 (»Das haben Sie ja schön versiebt!«),
– als Mittel der Einschüchterung
 (»Das ist ja nicht das erste Mal, daß Sie in einer so entscheidenden Situation versagt haben!«),
– als Mittel der Sondierung
 (»Sie haben sich offensichtlich in der Sache nicht gründlich informiert!«),
– als aggressives Abreagieren
 (»Hören Sie doch auf mit dem ewigen ›Tut mir leid‹!«).

Wie solche Vorwürfe abzuwehren sind, darüber informiert Sie das Kapitel »Unfaire Dialektik. Angriff und Abwehr«.

23. Unfaire Dialektik. Angriff und Abwehr

»Es kann der Beste nicht in Frieden leben...«
Ihr Gesprächspartner will gar keinen Konsens und keine Kooperation; er bestreitet das kollektiv Geltende wider sein besseres Wissen.
Er will nur argumentieren, bis er recht hat – und dies mit allen Mitteln, die dann nichts anderes sind als subtile oder auch ganz grobe Tricks.
Sie sollten sich dem nicht durch ein wie auch immer geartetes Fluchtmanöver entziehen: Weder sollten Sie klein beigeben, noch sollten Sie auftrumpfend dagegenhalten.
Ihr erster Versuch, die unliebsame Situation zu bereinigen, kann in einem Wechsel der Gesprächsebene bestehen:
»Die Versuche, den Argumentationsprozeß durch persönliche Angriffe und Unterstellungen von unserem vereinbarten Ziel abzulenken, machen mich sehr betroffen. Wollen wir so weiter miteinander umgehen?«
Scheitert dieser Versuch einer Metakommunikation (»Lassen Sie uns darüber reden, wie wir miteinander reden«), dann haben Sie immer noch die Möglichkeit, einer unfairen Argumentation ruhig und sachlich zu begegnen.
Mit unfairer Dialektik können Sie in jeder Gesprächssituation konfrontiert werden. Sind grundsätzliche Gegensätze (z. B. parteiideologische Gegensätze) der Hintergrund, dann scheint unfaire Dialektik fast unvermeidbar.
Dazu das folgende Beispiel.
Das Spiegel-Streit-Gespräch, das zwischen Berlins Bürgermeister Momper und Hessens Ministerpräsident Wallmann über die Frage nach der künftigen Hauptstadt Deutschlands geführt wurde, war überschrieben: »Das hat mit Logik nichts zu tun« (Der Spiegel 28/1990).
Es ist denn auch eine wahre Fundgrube für Beispiele unfairer Dialektik, in der sich Politiker immer wieder als besondere Meister erweisen.

Ich möchte damit die Politiker nicht beleidigen, denn »Beleidigungen sind die Argumente jener, die über keine Argumente verfügen« (Rousseau); vielleicht ist das aber gerade der Grund, warum Politiker oft ein so wenig erfreuliches Schauspiel bieten.

1. *Die »ad personam«-Technik*

Momper: »(Das nächste deutsche, das erste gesamtdeutsche Parlament wird tagen) im Reichstag in Berlin. Ein angemessenes anderes Gebäude ist doch weder in Bonn noch in Ost-Berlin verfügbar.«

Möglicher persönlicher Angriff:
»Herr Momper, Sie wollen doch nur selbst der Erste Bürgermeister der neuen Hauptstadt Berlin werden!«

Diesen ad personam-Angriff hat Wallmann sich verkniffen. Wenn man ad rem (zur Sache selbst) kein gutes Argument parat hat, wenn man sich Ihren Argumenten nicht gewachsen fühlt, dann wählt man womöglich Sie selbst als Zielscheibe. Der Streit, der da mutwillig vom Zaun gebrochen wird, soll von der eigentlichen Sache ablenken.

- *Sie verfolgen doch nur eigennützige Ziele!*
- *Wenn man auf so großem Fuß lebt wie Sie, dann ist man natürlich interessiert...*
- *Sie sind doch sonst immer so schlau!*

Replizieren Sie auf solche Angriffe ganz ruhig:

- Bedauere, ich habe Sie nicht verstanden.
- Wie meinen Sie das?
- Sie wissen doch selbst genau, daß das nicht der Wahrheit entspricht.
- Könnten Sie bitte zur sachlichen Argumentation zurückkehren?

Antworten Sie in jedem Fall als ein ruhiges, vernünftiges Erwachsenen-Ich, lassen Sie sich nicht darauf ein, mit an der »Rüstungsspirale« zu drehen!

2. Die Unterstellungstechnik

Wallmann: »Sie selbst haben doch in der Konferenz der Regierungschefs zugestimmt, als der Bundeskanzler gesagt hat: Wir können diese Entscheidung nicht treffen, solange sowjetische Truppen noch in der heutigen DDR stationiert sind.«
Momper: »Das habe ich nicht gesagt. Sie versuchen in übelster Weise, mir etwas unterzujubeln. Der Bundeskanzler hat gesagt, daß er die Hauptstadt dort nicht haben will, solange sowjetische Truppen dort stationiert sind. Das ist aber etwas anderes, als jetzt die Entscheidung zu treffen.«

Machen Sie's wie Momper:
Rücken Sie die Sache zurecht, indem Sie den wahren Sachverhalt belegen. Keinesfalls die Unterstellung unwidersprochen stehenlassen, sondern ausdrücklich darauf reagieren, sonst wird man Ihnen später vorwerfen, Sie hätten ja akzeptiert.

3. Übertreibungstechnik

Wallmann: »Sehen Sie doch nach Frankreich oder England: Paris ist Frankreich. London ist England – alles andere ist Provinz.«
Momper: »Alles nur schaurig, aber nicht richtig. Solch eine zentralistische Struktur, wie es sie in Großbritannien und besonders in Frankreich gibt, hat Deutschland nie gehabt.«

Wallmann argumentiert hier in Form eines Syllogismus:
1. Wenn ein Land (England, Frankreich) eine Metropole hat, dann ist alles andere Provinz.
2. Berlin als Hauptstadt ist eine Metropole.
3. Alles andere (die Bundesländer) ist dann Provinz.
Die Prämissen selbst sind schon Übertreibungen. So muß als Schluß eine Übertreibung herauskommen. Befragen Sie den Gesprächspartner nach seinen Prämissen und zeigen Sie ihm, daß auch ein anderer Schluß möglich ist.
Sie können die Übertreibung Ihrerseits mit einer ironischen Übertreibung abwehren:
»Wie recht Sie haben: Berlin ist wirklich ein alles verschlingender Moloch!«

4. *Ausweichtechnik*

Momper: »Bonn ist eine charmante, in vielem auch nette, manchmal ein bißchen ruhige Stadt mit einem gewissen Wachstum, das vor allem auch durch die Behörden gekommen ist. Aber die große Sogwirkung, die Sie so apostrophieren, ist in Bonn nicht eingetreten. Und ich sage: Sie wird aus diesem Grunde auch in Berlin nicht eintreten.«

Wallmann: »Die Art, wie Sie über Bonn sprechen, ist derart herablassend und gönnerhaft, daß ich nur sagen kann: So, wie Sie reden, ist das keine Werbung für Berlin...«

Auf das eigentliche Argument (»große Sogwirkung wird nicht eintreten«) wird hier gar nicht eingegangen; statt dessen wird moralisierend ein »Nebenkriegsschauplatz« eröffnet. Führen Sie Ihren Gesprächspartner zur eigentlichen sachlichen These zurück.

5. *Berufung auf Autoritäten*

Spiegel: »Herr Wallmann, westdeutsche Spitzenpolitiker – quer durch alle Parteien – votieren für Berlin: Außenminister Genscher ebenso wie Willy Brandt, sogar der Bundespräsident. Das Rennen, so scheint es, ist längst gelaufen. Warum legen Sie sich noch quer?«

Wallmann: »...Die Entscheidung wird ja nicht von uns – nicht von Herrn Momper, nicht von mir und nicht einmal vom Bundespräsidenten – zu treffen sein, sondern sie muß vom zukünftigen gesamtdeutschen Parlament getroffen werden.«

Wallmann hatte völlig recht, sich hier unbeeindruckt zu zeigen und darauf zu verweisen, was sachlich angemessen ist.
Machen Sie's diesmal wie Wallmann! Nicht jede zitierte Größe ist für jede Frage zuständig oder kompetent. Prüfen Sie auch genau das Zitat.

6. *Verwirrungstechnik* (Problemvermischung)

Momper: »Viele sagen: Berlin ist der Ort des Holocaust gewesen ...Das ist wohl wahr...Diese Beziehung zur eigenen Vergangen-

heit... muß hergestellt werden. Sich zur eigenen Geschichte und ihrer Lehren bekennen – das kann man am besten in Berlin.«
Wallmann: »...Daß es besondere geschichtliche Erfahrung in bezug auf Berlin gibt, bestreite ich nicht. Ich ziehe daraus folgende – aus Ihrer Sicht vielleicht falsche – Schlüsse: Eben diese Erfahrungen während der zwanziger Jahre zeigen, welche dominante Rolle Berlin zu Lasten der übrigen großen Metropolen gespielt hat. Und ich füge hinzu: Eine Metropole Berlin heute hätte Konsequenzen für die bundesstaatliche Ordnung oder, anders ausgedrückt, für die Bedeutung von Bundesländern in dem vereinigten Deutschland. Und die halte ich für verhängnisvoll für unser föderales System.«

Achten Sie darauf, daß die Fragen sauber getrennt werden und nicht Kausalitäten behauptet werden, wo es keinen Zusammenhang gibt:
»Ich glaube, wir haben hier zwei unterschiedliche Problemkreise. Ich schlage vor, wir behandeln zunächst diese Frage und wenden uns dann der anderen zu.«

7. Verdrehungstechnik

Wallmann: »Sie haben zur Erklärung des Bundeskanzlers (Berlin nicht Hauptstadt, solange dort sowjetische Truppen stationiert sind) gesagt: Ich bin damit einverstanden, daß die Frage (Entscheidung für Berlin als Hauptstadt) jetzt ruht. Das ist Ihre Aussage gewesen.«
Momper: »Nein. Ich habe gesagt, daß, solange das 3. Überleitungsgesetz nicht angetastet wird, sich die Hauptstadt-Frage nicht unmittelbar aus dem finanziellen Zusammenhang heraus stellen wird. Das ist aber etwas ganz anderes.«

Wehren Sie sich, wenn Ihre Schlußfolgerung vom Gesprächspartner in einer Weise interpretiert wird, die Ihrer Intention widerspricht. Wiederholen Sie noch einmal die Fakten und welchen Schluß Sie selbst daraus ziehen.
Es ist wohl deutlich geworden, wie in diesen Gesprächsausschnitten vor allem auch dadurch bewußt aneinander vorbeigeredet wurde, weil Behauptung, Meinung, Begründung und Schlußfolgerung tüchtig gemischt wurden.

Klären Sie:
- Wie begründen Sie Ihre Behauptung?
- Ist das jetzt Ihre Meinung, oder soll das eine Begründung sein?
- Wie können Sie Ihre Begründung stützen?
- Woraus folgern Sie dies?

Also: fragen, fragen, fragen.

Indem Sie etwas sachlich in Frage stellen, erweisen Sie sich als ein vernünftiges Erwachsenen-Ich. So halten Sie das Gespräch auf der Sachebene, auch wenn der Gesprächspartner versucht, es unsachlich auf eine negative Beziehungsebene zu drücken, um möglicherweise ganz bewußt eine Kommunikationsstörung zu provozieren. Dann sind auch Sie schnell im Unrecht!

8. *Bewußte Fehlinterpretation*

Momper: »*Der Chef der Dresdner Bank sagt: Bankenplatz müsse Berlin werden. Dann müsse auch die Bundesbank dorthin. Ich finde das interessant, wenn ein großer Banker es so sieht.*«
Wallmann: »*Sie hoffen darauf, daß auch die Bundesbank in der nicht ganz unbegründeten Erwartung nach Berlin geht, daß dann das Bankenzentrum Frankfurt durch Berlin abgelöst wird...*«
Momper: »*Nein, das ist Ihre Interpretation, Herr Wallmann...*«

Wahrscheinlich hatte Herr Wallmann mit seiner Interpretation nicht ganz unrecht.

Dennoch: Wenn Ihr Gesprächspartner die Schlußfolgerung an sich reißt (»Aus dem, was Sie da gerade sagten, folgt doch ganz eindeutig...«), dann setzen Sie ein Stop-Signal: »Erlauben Sie, daß ich aus dem, was ich vorausgeschickt habe, auch selbst den Schluß ziehe.«

Die nächsten beiden Tricks zeigen wieder, wie wichtig klare Begriffseingrenzungen (Definitionen) und Begriffserläuterungen sind.

9. *Mehrdeutigkeit (Vieldeutigkeit)*

»*Wenn wir insbesondere hierüber in absehbarer Zeit Einvernehmen signalisiert bekämen, dann könnte man weiter darüber nachdenken...*«

Verschwommenheit der Sprache ist immer Indiz für Verschwommenheit des Denkens. Es kann auch ein bewußtes Verschleiern sein oder der Versuch, sich nicht festzulegen oder sogar sich zu entziehen.
Fordern Sie präzise Formulierungen!

10. *Mit Fremdwörtern verwirren* (Wissenschafts-Jargon)

»*Diese zu konstatierende Aspektverlagerung ist zwingend aufgrund der logischen Struktur deduktiv erschlossener Urteile, die ihrem Gehalt nach nichts anderes enthalten können, als was zumindest implizit in der Konjunktion der Prämissen bereits enthalten ist.*«

Besonders hübsch ist es, wenn – wie in diesem Falle – Rhetorik-Professoren eine Kluft zwischen sich und Ihren Lesern oder Zuhörern schaffen. Wenn man Sie vorzuführen versucht, indem man Sie mit einem Fachjargon konfrontiert, den Sie nicht zu beherrschen brauchen, dann verlangen sie die Übersetzung in eine allgemein verständliche Sprache.
Tun Sie nicht so, als hätten Sie verstanden, sondern haben Sie den Mut zu fragen, wenn Ihnen etwas unklar ist.

11. *Kompetenz bezweifeln*

»*Sie kommen aus einem Fachgebiet, das mit dieser Frage überhaupt nichts zu tun hat. Und das merkt man Ihrem Vorschlag an.*«

Fragen Sie zurück:
– Warum erscheint Ihnen...?
– Warum haben Sie den Eindruck...?
Fordern Sie mit einer »Warum«-Frage den Gesprächspartner heraus, seinen Zweifel zu erläutern.

12. *Als Theorie abqualifizieren*

»*Das ist doch graue Theorie; das läßt sich doch in der Praxis nachweislich überhaupt nicht umsetzen.*«

Dafür hat der Gesprächspartner wenigstens ein Beispiel zu nennen. Machen Sie ihn auf seine unzulässige Verallgemeinerung aufmerksam.

13. *Unzulässige Verallgemeinerung*

»*Ich sage Ihnen ein Beispiel, wo die Ausgangssituation mit der unsrigen völlig vergleichbar ist.*«

Weisen Sie darauf hin, daß ein Beispiel kein Beweis ist. Stellen Sie den sachlichen oder zeitlichen Zusammenhang in Frage.
Wandeln Sie die verallgemeinernde Formulierung in eine Frage um:
– Wirklich überhaupt nichts mehr?
– Tatsächlich noch nie vorgekommen?
– Immer schon so gewesen?
– Von allen akzeptiert?
usw.

14. *Berufung auf den »gesunden Menschenverstand«*

»*Ach, wissen Sie, diese modischen Führungstheorien! Ich sage Ihnen, was die Menschen brauchen: klare Anweisungen, wo's langgeht!*«

Fragen Sie den Gesprächspartner nach dem Hintergrund seiner Einstellung. Zeigen Sie ihm seine mögliche Befangenheit in einem Vorurteil.

15. *Advocatus diaboli*

»*Ich tue jetzt mal so, als wäre ich gar nicht dieser Meinung, sondern ganz gegenteiliger Auffassung...*«

Das kann ein Trick sein, und der Gesprächspartner spielt nicht nur den Anwalt des Teufels, sondern ist auch noch Beelzebub.
Beobachten Sie den vorgeblichen Rollentausch genau. Verlangen Sie eine eindeutige Erklärung: Welche Alternative gilt?

16. *Übergehen von Argumenten*

»*Ich glaube, das können wir hier beiseite lassen. Wir sollten uns viel mehr konzentrieren auf die möglichen Folgen...*«

Hamilton, ein Logiker und Politiker aus dem frühen 19. Jahrhundert, hat folgende Handlungsanweisung gegeben: »Wenn die

Argumente gegen dich sind, verweile so kurz dabei, wie es der Anstand noch gerade erlaubt, gehe dann zu den Wirkungen über, die sich wahrscheinlich aus dem Befolgen oder Vernachlässigen der empfohlenen Maßnahmen ergeben. Da die Wirkungen jeder Maßnahme meist problematisch sind, kannst du sie immer zu deinen Gunsten verwerten.«

Nun, auf so etwas lassen Sie sich nicht ein. Wenn nötig, wiederholen Sie Ihr Argument.

17. *Konzentration auf ein schwaches Argument*

»*Das ist doch ein ganz unhaltbares Argument, das müssen Sie doch selbst zugeben. Sehen Sie, damit ist doch die ganze Sache erledigt.*«

Das klingt nach Hamiltonschem Rezept: »Wenn die Sache, die du vertrittst, nichts taugt, so gib acht, ob einer von der Gegenseite sein Argument nicht auf falschem oder unsicherem Fundament aufbaut (was meist geschieht).

Dann knüpfe deine Rede nicht an die Sache, sondern an dieses Argument.«

Geben Sie offen zu, wenn Sie sich geirrt haben; ziehen Sie das Argument zurück; verweisen Sie darauf, daß für die Sache noch andere Argumente sprechen.

18. *Auf Meinungsumschwung verweisen*

»*Sehen Sie, jetzt sagen Sie ja selbst, daß das keine Lösung ist. Das letzte Mal haben Sie noch behauptet..*«

Sie sollten nicht mit dem Spruch kokettieren: »Was geht mich mein dummes Gerede von gestern an!« Aber selbstverständlich können neue Erkenntnisse die Revision eines Standpunktes fordern. Es ist eine redliche Haltung, nicht wider besseres Wissen weiter auf einem Argument zu bestehen. Bittten Sie den Gesprächspartner, dies zur Kenntnis zu nehmen.

19. *Festlegung auf Fehler (Fehlschlüsse)*

»*Da sind Sie doch ganz eindeutig von falschen Zahlen ausgegangen. Kein Wunder, daß Sie zu diesem unvertretbaren Schluß gekommen sind!*«

Sie haben ungesicherte Angaben gemacht, die sich als falsch erwiesen haben, Sie haben sich selbst widersprochen, vielleicht auch nur unwissentlich einen Fachausdruck falsch gebraucht. Geben Sie den Fehler zu, danken Sie für die Aufklärung und bitten Sie um Entschuldigung. Dann aber nehmen Sie Ihre Argumentation ohne Verlegenheit und weitere Verzögerung wieder auf!

20. *Unbegründete Behauptungen*

»*Das ist eine klare Angelegenheit, die für sich selbst spricht. Ich brauche wohl nicht weiter zu erklären...*«

Nichts da. Solche apodiktischen (keinen Widerspruch duldenden) Behauptungen sind autoritär. Geben Sie nicht klein bei, sondern verlangen Sie Gründe.

21. *Meinung als Faktum ausgeben*

»*Aber das ist doch die alte Geschichte, und es ist ganz ohne Zweifel so, daß...*«

Wenn Sie Einleitungen hören wie die folgenden, dann sollten Ihre Alarmlampen aufleuchten:
– Wir wissen doch alle, wie es wirklich ist...
– Das steht doch ganz klar außerhalb jeder Diskussion...
– Also, wenn das nicht sicher ist, was ist dann...
– Jeder, der das schon einmal erlebt hat, weiß doch...
usw.
Lassen Sie sich auf solche Weise nicht vereinnahmen. Entziehen Sie sich der Umarmung und bestehen Sie auf Ihrer eigenständigen Begründung und Beurteilung.

22. *Rhetorisches Fragen/Suggestivfragen*

»*Nach all dem, was ich zu diesem Punkt vorgebracht habe – sind Sie da nicht auch der Meinung...?*«

Fragen Sie doch zurück: »Wie muß ich denn jetzt antworten? – Davon abgesehen, ich habe zu Ihren Darlegungen noch eine sachliche Frage...«

23. *Relativieren*

»*Sehen Sie, die Wahrheit liegt eben – wie so oft – in der Mitte. Einiges spricht dafür, anderes dagegen...*«

Es gab einen Film mit dem Titel »In der allergrößten Not führt der Mittelweg zum Tod.« Kompromiß: ja, Konsens: ja – aber beides aufgrund einer Entscheidung! Machen Sie selbst einen konkreten Lösungsvorschlag und fordern Sie eine klare Stellungnahme.

24. *Verschleppungstaktik*

»*Ich meine, wir sollten noch einmal ausführlich auf diesen Punkt zurückkommen, so unwichtig er auch erscheinen mag, und damit hängt auch zusammen, worauf noch näher einzugehen wäre...*«

Gründlichkeit: ja; der Weitschweifigkeit aber mit Stop-Signalen begegnen. Fassen Sie relevante Punkte kurz zusammen, und leiten Sie mit einer Frage zum Hauptthema über.
Oder Sie sprechen direkt aus, daß Sie die Taktik des Gesprächspartners wohl durchschaut haben. Erinnern Sie an die Verpflichtung auf das gemeinsame Ziel!

25. *Verunsichern*

»*Sind Sie sich über die Auswirkungen Ihres Vorschlags auch völlig im klaren?*«

Man hört den moralischen, warnenden, auf Schuldzuweisung programmierten Unterton.
Prüfen Sie, ob es Ihrem Gesprächspartner darauf ankommt, noch mehr stützende Argumente zu hören, oder ob er einen wunden Punkt sucht, um Sie persönlich zu treffen. Fragen Sie:
– Was ist Ihre Besorgnis?
– Welche Schwierigkeiten sehen Sie?
– Welche Informationen benötigen Sie noch?

26. *Moralisieren*

»*Sie brauchen mir keine Gründe zu nennen; ich nehme Ihnen das auch so ab; schließlich kennen wir uns schon so lange. Wenn auf Sie kein Verlaß mehr wäre...*«

Das mag in Ihren Ohren sehr schmeichelhaft klingen – ist aber, bei

aller Freundschaft, höchst riskant. Auch eine sehr gute Beziehungsebene darf nicht überstrapaziert werden, sondern muß auch sachlich untermauert sein.
Nennen Sie Ihre Gründe, damit in einem möglichen späteren Konflikt Ihnen nicht vorgeworfen werden kann: »Aber das haben Sie mir damals ja überhaupt nicht gesagt!«

27. *Verdächtigungen/Schuldgefühle wecken*

»Aus Ihren eigenen Reihen sind doch schon Stimmen laut geworden, die Ihr behauptetes Verhandlungsziel bezweifeln. Wollen Sie wirklich, daß es zu einer Katastrophe kommt?!«

Man will Sie verunsichern, indem man Ihre Integrität bezweifelt; man versucht, zwischen Sie und Ihre Partner einen Keil zu treiben; Sie sollen durch Ängste unter Druck gesetzt werden. Lösen Sie dieses Knäuel auf durch Fragen zu jedem einzelnen Punkt. Bestehen Sie auf Antworten, die Daten und Fakten liefern.

28. *Absichtsvertuschung*

»Ich habe dazu noch keine endgültige Meinung. Wissen Sie, die Komplexität der Frage...«

Lassen Sie nicht locker; lassen Sie nichts in der Schwebe:
– Worüber sind Sie noch im Zweifel?
– Welche Informationen benötigen Sie noch?
– Wo bestehen noch Unklarheiten?
– Lassen Sie es uns schrittweise durchgehen!

29. *Einwände vorwegnehmen*

»Sie könnten jetzt natürlich sagen ... Aber dabei übersehen Sie ..., denn soviel steht doch fest ...«

Die Vorwegnahmetechnik zählt zu den beliebten Mustern der Einwandbehandlung. Man kann versuchen, die eigenen schwachen Argumente damit abzutun; natürlich ist dies ein sehr parteiisches Verfahren. Sie sollten also auf die faktische Selbstkritik des Gesprächspartners nicht hereinfallen, sondern das Argument einer eigenen kritischen Prüfung unterziehen.

30. Bewußte Übertreibung

»Wenn Sie sagen, daß die Experten in dieser Frage uneins sind, dann ist das doch wie ein Geständnis: Eine qualifizierte Entscheidung ist nicht möglich!«

Mit solchen überzogenen Schlußfolgerungen will man Ihre Aussage ad absurdum führen. Rücken Sie die Maßstäbe zurecht: »Meine Aussage gilt ganz klar nur für diesen Bereich, diesen einen Fall, zu dem jetzigen Zeitpunkt usw.«

31. Ungünstige Zusammenfassung

»Daraus folgt, daß Sie selbst der Meinung sind ... und somit eingestehen, daß ...«

Sagen Sie dem Gesprächspartner, was er weggelassen, hinzugedichtet, verfälscht hat:
»So kann ich das nicht stehen lassen, ich darf noch einmal wiederholen...«

32. Rhetorische Zustimmung

»Das ist eine gute Frage. Sehen Sie, gerade deshalb sollten wir uns jetzt konzentrieren auf...«

Ihre eigene Fragestellung wird gönnerhaft quittiert und ist damit abgetan. Lassen Sie sich nicht mit kleinen Komplimenten einlullen, sondern verlangen Sie, daß Ihr Beitrag wirklich Diskussionsgegenstand wird: »Das ist sehr freundlich, daß Sie mir hier zustimmen. Dann sollten wir den Punkt doch noch etwas vertiefen..«

33. Ablenkungsmanöver

»Ich denke, das sollten wir unseren Experten überlassen. Mir scheint eine ganz andere Frage an dieser Stelle wichtig zu sein...«

Ein solches Fluchtmanöver sollten Sie Ihrem Gesprächspartner nicht gestatten und – wenn die Frage heikel ist – auch sich selbst nicht:
»Ich möchte schon, daß wir diese Details jetzt klären. Ich sehe keinen Sinn, diese Frage durch ein neues Thema zu ersetzen.«

34. *Bloßes Andeuten*

»*Man könnte auf diese Argumente eine ganze Menge erwidern. Ich spare mir, die vielen Fragezeichen, die mir aufgefallen sind, genauer zu untersuchen...*«

So einfach kann es sich Ihr Gesprächspartner nicht machen. Es ist an Ihnen, Klarstellung zu verlangen:
– Wo liegen Ihrer Meinung nach Widersprüche?
– Welche Fragen stellen sich denn für Sie?
– Lassen Sie es uns gemeinsam untersuchen!

35. *Appell ans Gefühl*

»*Da müssen wir doch wirklich zusammenstehen. Ich verlasse mich in dieser Frage ganz auf Ihre Loyalität und Solidarität.*«

Ihr Partner überstrapaziert die Beziehungsebene. Das ist eine knifflige Situation, weil Ihr Widerstand schnell zu einer Kommunikationsstörung führen kann.
Versuchen Sie mit aller Vorsicht, Sachebene und Beziehungsebene zu entflechten:
»Ich verstehe Ihre Gefühle sehr gut, aber lassen Sie uns noch einmal die rein sachlichen Gesichtspunkte analysieren...«

ÜBUNG

Angriff	Typ-Nr.	Ihre Abwehr
1. Schon Prof. x hat eindeutig bewiesen, daß...		
2. Mit diesem Argument werden Sie einmal wieder Ihrem Ruf gerecht.		
3. Haben Sie sich mit diesem Gebiet wirklich schon einmal befaßt?		
4. Also da bin ich Fachmann. Was Sie sich da ausgedacht haben, kann nie funktionieren.		
5. Wenn wir das mal beiseite lassen, dann können wir doch sagen...		
6. Jetzt denken Sie doch mal logisch. Das ist doch nun wirklich Allgemeingut, daß...		
7. Diese Tatsache können wir so als gegeben hinnehmen.		
8. Ich erinnere mich, daß Sie da selbst schon anderer Ansicht waren.		
9. Ich will darauf gar nicht näher eingehen. Es ist ja kein Geheimnis, und Sie wissen ja selbst...		
10. Also wenn Sie mir damit kommen, dann muß ich doch einmal an Ihren Anstand appellieren.		

Lösung: Es handelt sich um die Angriffstechniken 5/1/12/13/17/15/21/19/35/27

Sachwortregister

(Die Zahlen verweisen auf die Kapitel, in denen die Sachwörter vornehmlich abgehandelt werden)

Ablenkungsmanöver 23
Absichtsvertuschung 23
Adjunktoren 9
ad-personam-Technik 23
advocatus diaboli 23
Affekt 19
aktives Zuhören 7
Akzeptanz 19
Allegorie 19
Alliteration 19
Allusion 19
Alternativfrage 13/19
Alternativziele 17
Amplifikation 19
Anadiplose 19
Analyse, transaktionale 4
Anapher 19
Andeuten 23
Angriff, persönlicher 23
Antipathie 3
Antithese 19
Aposiopese 19
Apostrophe 19
Appell 23
Argument 6
Argumentation, zweckrationale 7
Argumentationsfahrplan 13
Argumentationsökonomie 12
Argumentationsverstärkung 18/19
Argumentationswitze 10
Argumentenliste 16
Art 5
Asyndeton 19

Atem 20
attraction (Attraktion) 19
Aufzählung 19
Außenvariable 2
Ausweichtechnik 23
Autoritätsbeweis 10/23
Axiome 6

Bedürfnisermittlung 13
Bedürfnisse 16
Begriffe, abstrakte 5
Begriffsbestimmung 5
Begründungsverfahren 6
Behauptung 8
Behauptung, unbegründete 23
Bekräftigung 19
Bescheidenheit (humilitas) 19
Betonung 20
Beweis 8/15
Beweiskraft 20
Beziehungsebene 1/17

Chiasmus 19
Commoratio 19
Conduplicatio 19
Corporate Identity 16
Correctio 19

Deduktion 8
Definition 5
Demagogie 1
Dialektik 1
Dialektik, unfaire 23
Dialog 13

Dialogismus 19
Disjunktoren 9
Dissens, begründeter 16

Eindruck, erster 3
Eindruck, negativer 3
Einfrieren 3
Einleitung 15
Einwände vorwegnehmen 19
Einwandwiderlegung 15
Eltern-Ich 4
Eltern-Ich, kritisches 2
Emotio 1
Emphase 19
Enthymen 8
Epiphrase 19
Epitheton 19
Erfahrung 5
Erwachsenen-Ich 4
Erzählung 15
Euphemismus 19
Exkurs (Streifzug) 19

Fangschluß 10
Fehlinterpretation, bewußte 23
Fehlschluß 10/23
Figuren, rhetorische 19
Frage, faktische 6
Frage, geschlossene 13
Frage, normative 6
Frage, offene 13
Fragliches, kollektiv 6
Führung, kooperative 16

Gattung 5
Geltendes, kollektiv 6
Generalisatoren 9
Gerichtsrede, antike 15
Grund 8/9
Gewißheit, soziale 2
Gewißheit, wissenschaftliche 2

Halo-Effekt 3

Häufung 19
Hierarchie-Effekt 3
Homonym 10
Hysteron Proteron 19

Ich-Zustand 4
Interaktionsvariablen 2

Kette 19
Kette, logische 15
Klimax (Steigerung) 19
Körpersprache 21
Kommunikation, kooperative 6
Kommunikationsstörung 19
Konfliktbewältigung 22
Konjunktoren 9
Konsens 6
Kooperation 6
Kürze (brevitas) 19

Litotes 19

Manipulation 1
Mehrdeutigkeit 23
Meinung 23
Meinungsumschwung 23
Menschenverstand, gesunder 23
Merkfähigkeit 18
Metapher 19
Mittelbegriff 8
Moralisieren 23
Motivation 16

Narziß-Effekt 3
Negatoren 9
Normargumentation 22
Nutzenargumentation 11/14

Oberbegriff 5
Obersatz 8

Paar-Bildung 19

Paradoxon 19
Parallelismus 19
Paraphrase 7/19
pars pro toto 19
Partikulatoren 9
Personifikation 19
Pinwand-Methode 18
Pleonasmus 19
Prädikatsbegriff 8
Prämisse 8
Präsentation 13
Produktpräsentation 11
Projektion 3

Rechtfertigung 9
Recency-Effekt 3
Redundanz 12
Rhetorische Frage 19/23
Rückgriff-Technik 19

Sachebene 1/17
Schluß 15
Schlußfolgerung 8
Situationsvariablen 2
Sprachpositivismus 12
Sprechmelodie 20
Sprechtempo 20
Sprechweise 20
Steigerung (Klimax) 19
Strategie 17
Streifzug (Exkurs) 19
Strukturierung 13/14
Subjektsbegriff 8
Subjunktoren 9
Suggestivfrage 23
Syllogismus 8/10
Sympathie 3
Synästhesie 19
Synonyme 19

Transaktionsanalyse 4

Übertreibungstechnik 23
Übertragung 3
Umfeld, soziales 5
Unternehmenskultur 16
Untersatz 8
Unterstellungstechnik 23
Urteil 8

Variablen der Gesprächspartner 2
Variablen der Gruppenzugehörigkeit 2
Variablen, historische 2
Verallgemeinern, willkürliches 3
Verdrehungstechnik 23
Verhalten, destruktives 17
Verhalten, konstruktives 17
Vermutung 3/8
Verschleppungstechnik 23
Verunsichern 23
Verwirrungstechnik 23
Visualisierung 17
Vorgrifftechnik 19
Vorurteil 3/5
Vorwissen 5

Wahrhaftigkeit 6
Wahrheit 6
Wahrnehmung, selektive 3
Wahrscheinlichkeit 6
Wertsystem 5
Wortwitze 10

Zugeständnis 19
Zusammenfassung, ungünstige 23
Zustimmung, rhetorische 23
Zwecksatz 14

Literaturverzeichnis

H. Chr. Altmann, Überzeugend reden, verhandeln, argumentieren, München 1988
Dialogforschung. Jahrbuch 1980 des Instituts der deutschen Sprache, Düsseldorf 1981
P. Ebeling, Verhandeln und verkaufen, Englisch-Verlag, Wiesbaden 1987
P. Feldman, Denktraining, München 1987
H. Geißner, Rhetorik, München 1973
H. Geißner, Sprecherziehung, Königstein 1982
F. Goossens, Erfolgreiche Konferenzen und Verhandlungen, Landsberg 1987
Th. Gordon, Managerkonferenz, Hamburg 1979
J. Kopperschmidt, Rhetorik, Stuttgart 1973
J. Kopperschmidt/H. Schanze (Hrsg.), Argumente – Argumentation, München 1985
R. Lay, Dialektik für Manager, München 1976
C. Perelman, Das Reich der Rhetorik. Rhetorik und Argumentation, München 1980
R.-M. Rahn, Vom Problem zur Lösung, München 1989
B. H. Reutler, Kommunikationstraining, Englisch-Verlag, Wiesbaden 1989
B. H. Reutler, Körpersprache im Bild, Englisch-Verlag, Wiesbaden 1988
H. Schlüter, Grundkurs der Rhetorik, München 1975
K. Spang, Grundlagen der Literatur- und Werberhetorik, Kassel 1987
C. Tengelmann, Die Kunst des Verhandelns, München 1989
B. Weidenmann, Diskussionstraining, Stuttgart 1984
M. Weller, Die besten Regeln der Rhetorik aus zwei Jahrtausenden, Düsseldorf 1969

256 Seiten, DM 38,–